いまも占守島の四嶺山の山麓に残る日本軍の97式中戦車改

片岡の丘に立つ「志士之碑」

国端崎から見下ろす竹田浜。奥が竹田岬

ほぼ原形をとどめる15サンチカノン砲

占守島の旧片岡飛行場に残る日本海軍の掩体壕

サハリン州郷土博物館に展示中の占守島の95式軽戦車

竹田浜から国端崎灯台を見上げる。中腹にソ連時代に建てられた十字架が見える

一九四五 占《しゅむ》守《しゅ》島の真実

少年戦車兵が見た最後の戦場

相原秀起
Aihara Hideki

PHP新書

千島列島

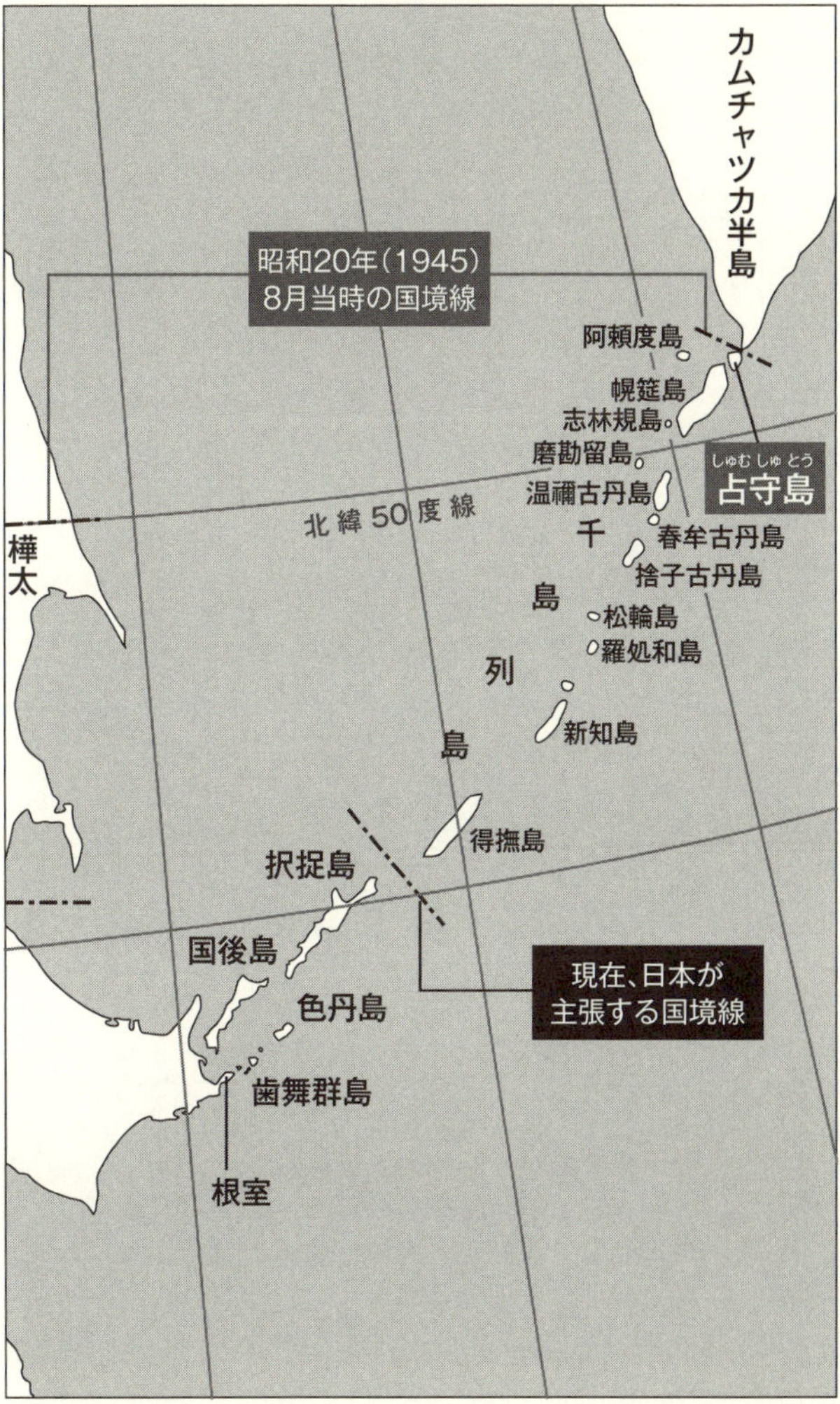
カムチャツカ半島
昭和20年(1945)
8月当時の国境線
阿頼度島
幌筵島
志林規島
磨勘留島
占守島《しゅむしゅとう》
温禰古丹島
北緯50度線
千
島
列
島
春牟古丹島
捨子古丹島
松輪島
羅処和島
新知島
樺
太
得撫島
択捉島
国後島
色丹島
現在、日本が
主張する国境線
歯舞群島
根室

（1945年8月15日終戦時）

（地図イラスト：森計哉、地図作成：ウエル・プランニング、『歴史街道』2015年12月号より）

占守島地図

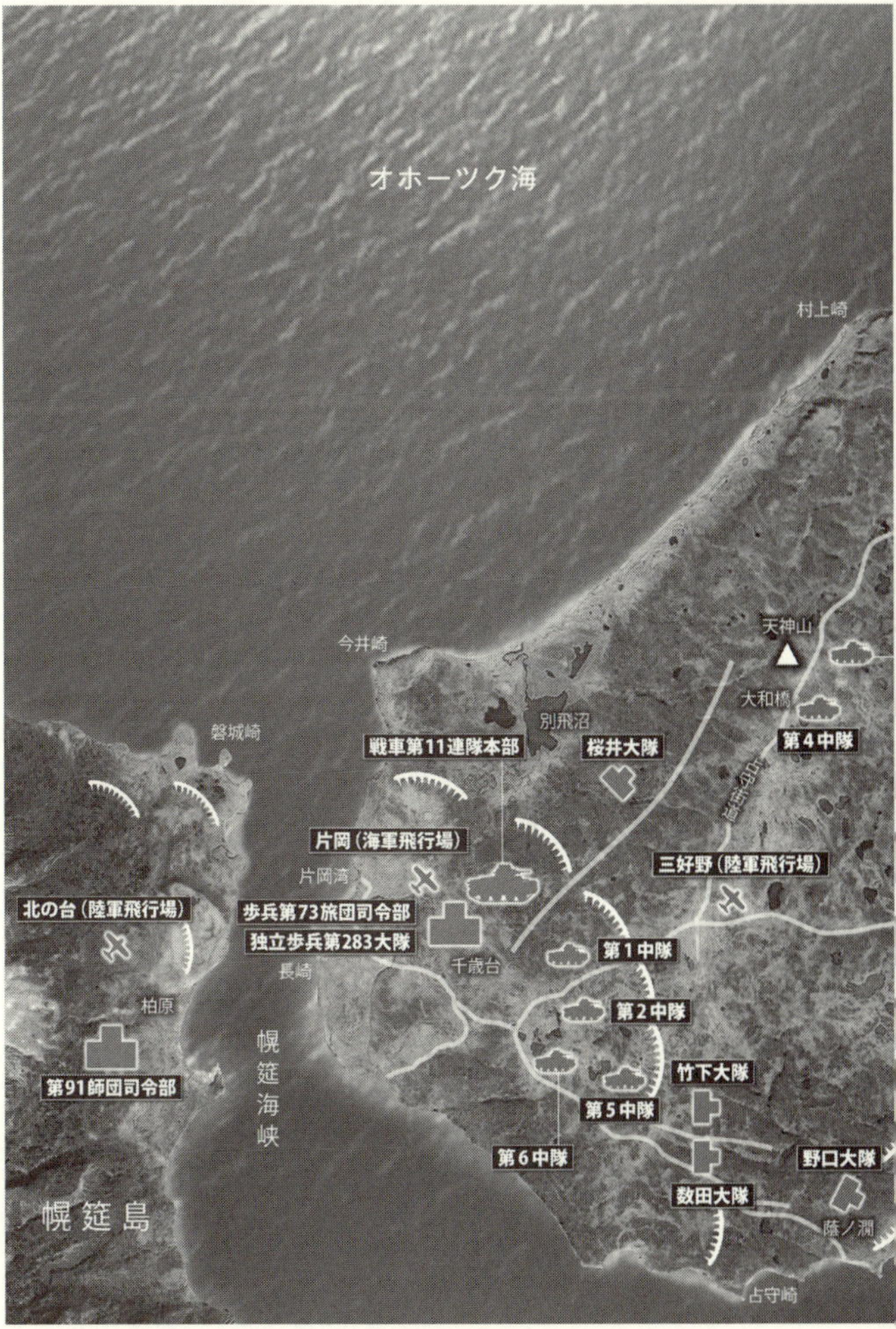

オホーツク海
村上崎
天神山
今井崎
大和橋
別飛沼
磐城崎
戦車第11連隊本部
桜井大隊
第4中隊
占守街道
片岡（海軍飛行場）
片岡湾
三好野（陸軍飛行場）
北の台（陸軍飛行場）
歩兵第73旅団司令部
独立歩兵第283大隊
長崎
千歳台
第1中隊
柏原
第2中隊
幌筵海峡
竹下大隊
第91師団司令部
第5中隊
第6中隊
野口大隊
数田大隊
幌筵島
占守崎

はじめに

太平洋戦争の終戦から七十一年を迎えようとしていた平成二十八年（二〇一六年）六月、一人の元日本兵が北海道の空の玄関口・新千歳空港に近い恵庭市の陸上自衛隊北恵庭駐屯地を講演のために訪れた。旧陸軍元少年戦車兵の小田英孝。小田が所属していた戦車部隊は、昭和二十年（一九四五年）八月十五日の終戦時、北海道から北東に連なる千島列島の北東端、占守島《しゅむしゅ》に配置されていた。部隊名は戦車第十一連隊といった。十一をつなぐと士となるため、当時、通称「士魂部隊」と呼ばれていた。

占守島は、ソ連領（現ロシア）のカムチャツカ半島と幅わずか十二キロの占守海峡を隔てて向かい合い、明治八年（一八七五年）から終戦まで七十年間にわたり日本とロシア（ソ連）との国境の島だった。同島では終戦から二日後の八月十七日深夜に突如、ソ連軍の大部隊が上陸し、武装解除中だった日本軍守備隊との間で激戦になった。小田の戦車部隊は、ソ連軍に反撃した主力部隊だった。この占守島におけるソ連軍との戦いは、騎虎の勢いで南下するソ連軍に痛打を与えた。

歴史はひとつのきっかけで大きく流れが変わる、その分岐点となる出来事がある。当時、ソ連の独裁者スターリンは、満洲に続いて日本領であった千島列島と南樺太（サハリン南部）を支配下に置いた上、さらに北海道北半分の分割占領を目論んでいた。だが、米大統領トルーマンの拒絶と、占守島や南樺太における日本軍の抵抗によって勢いを削がれ、北海道北部の占領を断念した。この二つの要素がなければ、日本は朝鮮半島のように分断国家となっていたかもしれない。


北恵庭駐屯地の講演会場は、同駐屯地の陸上自衛隊第十一戦車大隊の隊員ら約二百八十人が集まっていた。司会者の紹介を受けて、小田はその前に進んだ。演台横には「占守島におけるソ連軍との戦いについて」という演題が掲げられていた。

戦後、米ソ冷戦下の朝鮮戦争時、警察予備隊として発足した自衛隊は、旧陸軍とはまったく別な組織であるが、講演を聞くために集まった自衛隊員たちの多くが占守島の戦いを知っていた。なぜならば、現在、士魂部隊という通称は、同駐屯地の第十一戦車大隊に受け継がれ、占守島での激烈な戦車戦はいまも部隊で語り継がれているからにほかならない。

現在、山形県東根市に暮らす小田は、妻とともに名産のサクランボを栽培し、その温和な表情と物腰は、どこにでもいる農家の好々爺といった風である。五年前に股関節の手術を受けた小田だが、用意された椅子には腰かけようともせずに、立ったままにこやかな表情で静かに語り始めた。どこの講演会に招かれても小田は椅子には座らず、原稿も見ずに前を見つめて話をするのが常だった。

現役の自衛隊員たちは、六十歳も年齢が離れた小田の話を聞き洩らさないようにその言葉にじっと耳を傾けていた。

小田の講演は、あいさつと自己紹介から始まった。北海道の十勝に生まれ、戦時中に富士山の麓にあった旧陸軍少年戦車兵学校に入学し、終戦半年前の昭和二十年二月、厳寒の北千島・占守島に配属となったときは十七歳を迎えたばかりだった——。

小田の記憶は鮮明だった。

「八月十五日正午に天皇陛下のラジオ放送があると聞いて、占守島の兵舎の前で中隊長以下全隊員が集まって、戦車から車載無線機を下して、じっと耳をすましていたんですが、電波状況が悪くってね、どうしても放送を受信できない。仕方ないので解散になったんです。日本が無条件降伏したと聞いたのはその日の夕方です。僕は内心、『これで日本へ帰れる』とほっとしたんです。戦争が終わって、日本に戻れるのだから、それまでためていた食料が無駄になってしまうでしょ。だから十七日の夕飯には、日本酒や羊羹《ようかん》、白米も供出されて、兵舎ではささやかな宴会が開かれたんです。どの兵隊も無事に家に戻れることをそれは喜んでいましたよ」

小田の話は、その人生を大きく変えた運命の刻限、八月十七日深夜に向けて、淡々と進んだ。

北海道とカムチャツカ半島をつなぐ全長千二百キロにおよぶ千島列島。占守島は三十余りの島が連なる同列島の北東端に位置している。この島を舞台にした終戦直後の激戦については、数冊のノンフィクションや歴史雑誌などで紹介されているが、一般にはほとんど知られていない。

北海道新聞社の記者である私は、平成七年（一九九五年）から、現在、千島列島を管轄するロシア・サハリン州の州都ユジノサハリンスク（豊原）に一年間駐在したのを契機に、千島や樺太などを舞台にした日露の歴史に興味を抱き、極東各地を歩いてきた。サハリン中央部を走る北緯五十度の旧日露国境線近くの町で日ソの激戦地スミルヌイフ（気屯《けとん》）には日本政府が建立した慰霊碑「樺太・千島戦没者慰霊碑」があり、両地域の戦没者を祭っている。実際には樺太と北千島は千キロ近くも離れているのだが、千島は樺太以上に日本から遠く、慰霊に行きづらいため、共同慰霊碑となったという。

同時に占守島には旧日本軍の戦車がいくつも残され、樺太の国境地帯と同様に多くの日本兵がいまも眠っていることも知った。

私自身は、占守島について三十年以上も前の大学生時代、戦前に島を訪れた北海道大学の研究者から「夏の北千島はこの世の天国」と聞き、終戦後の信じられないような戦闘も聞いて、いつか訪れてみたいと思うようになった。だが、占守島を訪れるためにはロシア国境警備隊の許可が必要な上、時間と費用が掛かり、簡単ではないことがわかった。占守島は今も最果ての島だった。戦後、島に足を踏み入れた日本人は、厚生労働省の遺骨収集団や一部のマスコミなど数えるほどだ。

占守島を取材で訪れるチャンスは平成二十五年（二〇一三年）八月にめぐってきた。島には二カ所の灯台守四人しか人はいなかった。色鮮やかな高山植物が咲き乱れる大地の片隅には、小田が所属していた士魂部隊の戦車が無残な姿をさらし、日本軍の要塞砲、軍用機を隠すための掩体壕《えんたいごう》、トーチカなど、自然豊かな島にはあまりに不似合いな戦争の遺物が点在し、あの激戦の日から、まるで時が止まったような錯覚を覚えた。

この北辺の島における戦闘の実態とは――。「ソ連軍を蹂躙《じゅうりん》」「日本陸軍、最後の勝利」といった勇ましいものだったのか。最前線で戦った元兵士から実像を聞くため、全国各地を訪ね歩いた。その一人が小田だった。戦後七十年余、その貴重な証言を聞ける時間的な余裕はあまり残されていないとも思った。高齢の元兵士たちは私が実際に占守島を取材したことに驚きつつ、自らが体験し目撃した戦場の実像を赤裸々に語り、同時に後世に語り継がれることを願った。その中には戦友を目前で殺され、自らも敵兵を倒さなければならなかった凄惨な体験談もあった。

現地取材と当時の資料に加えて、複数の日ソ両軍の元兵士の証言を積み重ねることによって、立体的に浮かび上がってきた占守島の戦闘の真実。その後に続く過酷なシベリア抑留と合わせて戦争の記憶が風化する時代の中で綴りたい。

平成二十九年六月

相原秀起

（文中は敬称を略します）

一九四五 占守島《しゅむしゅ》の真実　目次

第二章　終戦三日後の激戦

第三章　停戦

第四章　抑留

第五章　戦後

第六章　時が止まった島

第一章　最前線

「おまえら死ぬことばかりを考えるな」

太平洋戦争の終戦八カ月前の昭和十九年（一九四四年）十二月、北海道の十勝管内陸別町（当時 淕別《りくんべつ》村）出身の小田英孝ら少年戦車兵十一人は、富士山の裾野にあった陸軍少年戦車兵学校を卒業した。一カ月後の昭和二十年一月、小樽港から北千島・占守島に向かう耐氷型貨物船天領丸に乗り込んだ。天領丸は、後の日本最初の南極観測船宗谷の姉妹船に当たる。

戦局の悪化に伴い、日本周辺水域にも米軍の潜水艦が出没し、北海道から千島列島へ兵員や物資を運ぶ多数の輸送船も次々に沈められていた。小田らが乗り込んだ天領丸は、「千島水域に米潜水艦出現」の情報が入ったため、釧路港に一時退避し、潜水艦が浮上して攻撃できない時化《しけ》の日にあえて出港、荒れる北太平洋を北上して北千島を目指した。

天領丸には戦車第十一連隊の新連隊長となった池田末男中佐が同乗していた。池田は満洲四平街にあった四平戦車学校から戦車第十一連隊に転属となり、一部の隊員らとともに占守島へ向かうことになった。同乗した見習士官十人の中には、後の作家司馬遼太郎（本名・福田定一）の同戦車学校の同級生もいた。池田は同学校の校長代理を務めており、学徒兵の司馬は教え子の一人だった。

小田は小樽で池田と初めて会った。

池田が宿にしていた小樽駅前の旅館まで小田ら少年兵が挨拶に出向くと、池田は気さくに「おまえたちご苦労。一緒に行こう。小田は毎朝、命令を受領しに来い」と命じた。小樽滞在中には池田の指示で隣町の余市にリンゴを買いにいくこともあった。生鮮食料品の乏しい島へ持っていくためだ。一時退避した釧路港で、池田は小田を呼び、「おまえ、おばさんが釧路にいるらしいな。一日暇をやるから会ってこい」と特別に下船許可を出してくれた。小田は叔母の家まで行き、食事をごちそうになった。小田は池田の心配りに感激し、深く尊敬するようになった。旧日本軍では考えられないような配慮だった。きっと池田は米軍との戦闘になれば、小田ら少年兵の多くも命を落とすと思っていたのだろう。

少年戦車兵学校を卒業時の小田英孝氏

釧路港から北千島まではおよそ四日間の航海だった。幸い米潜水艦の攻撃にも遭わなかった。占守島《しゅむしゅ》に到着する直前、「千島富士」と異名された阿頼度《あらいど》島の阿頼度山

（二千三百三十九メートル）がその雄姿を現した。富士山そっくりの独立峰で千島列島の最高峰である。早朝、小田ら少年戦車兵十一人は寒風に身を凍えさせながら甲板に並び、朝日に白く輝く千島の名峰をじっと見つめた。だれかが「死なずに無事に日本に帰れるやつがいたら、みんなの代表として富士山に登ろう」と言い出した。「卒業前に登れなかったからな」「そうしよう」と同意する声が上がった。

そんな少年兵たちの話を横で聞いていた二人の見習士官が「おまえら死ぬことばかりを考えるな。おまえたちも日本の現状を見てきたはずだ。物はない。武器もない。もうすぐ日本は敗ける。敗けた後、国の復興にはおれたちのような教育を受けた人間たちが必要なんだ。だからみんなむざむざと銃弾の餌食になってはならない。なるべく死なないようにするのだ。ただ、もしも死ぬときは最大限の効果を上げなければならない」と諭した。二人の見習士官は高木弘之、芦田章といった。

陸軍少年戦車兵学校の「豆タン」たち

小田とともに占守島へ向かった十人は、日野宇三郎、綱嶋正己、山本信一、大沢実助、羽根川寿郎、金谷泰益、松島吉明、鈴木欣弥、牧野憲作、中村三郎だった。小田は誕生日前で

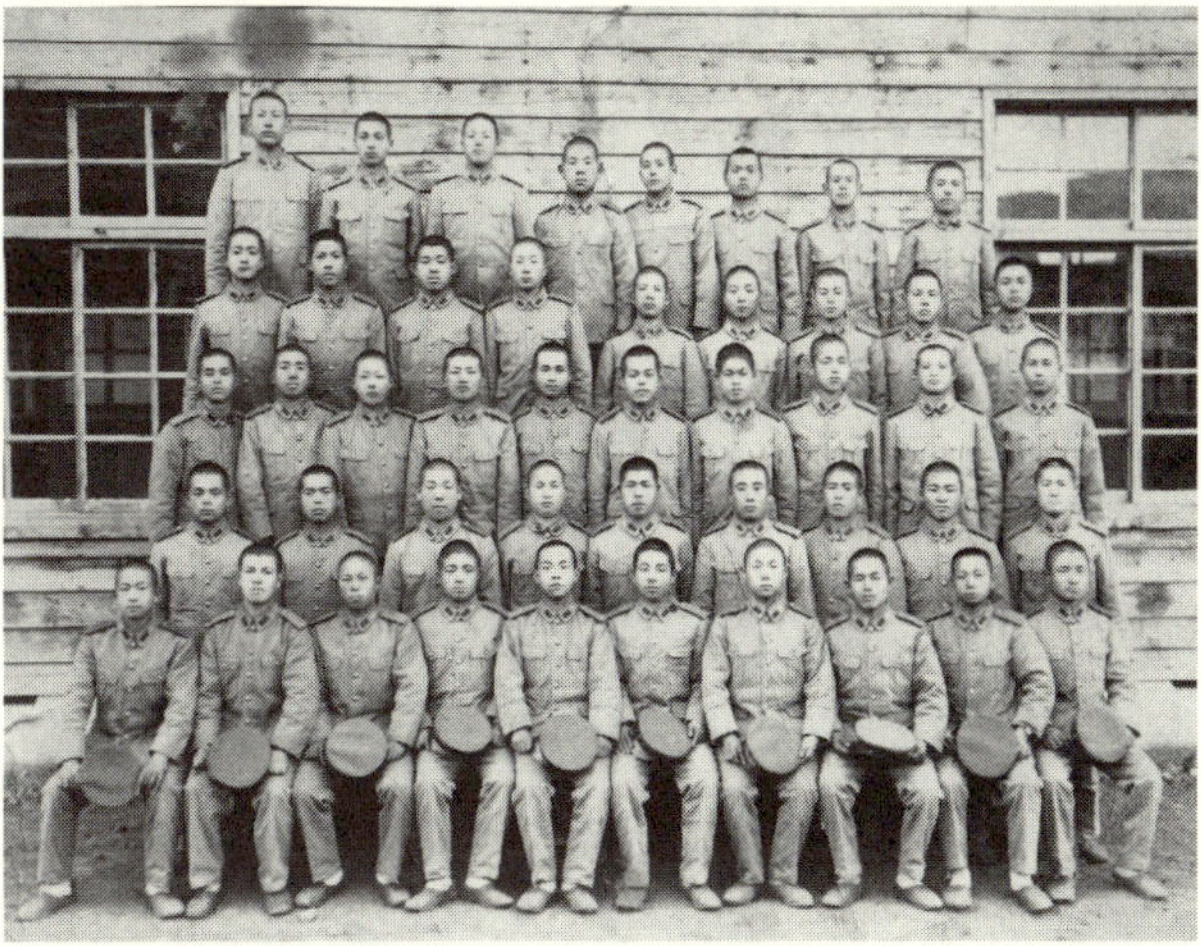
小田氏の少年戦車兵学校卒業時の記念写真

まだ十六歳、最年長の綱嶋でも十八歳だった。大沢と金谷は朝鮮半島出身だった。大沢の本名はイ・ジョンギュと言ったが、植民地時代の「創氏改名」で、大沢と名乗っていた。大沢は朝鮮生まれであることを周囲には黙っていた。金谷の本名はわからない。

陸軍少年戦車兵学校は、近代化されたソ連軍部隊の前に日本軍が敗北したとされる昭和十四年のノモンハン事件後、戦車隊を拡充せよとの声を受け、同年十二月に千葉陸軍戦車学校内に創設され、一期生として少年兵百五十人が入学した。後に富士山麓の西南、現在の静岡県富士市に三十万坪の広大な用地を求め、昭和十七年、三期生からこの地に移った。学校は二年制で全国から十五歳から十八歳までの優秀な男子が集められ、卒業生は終戦までに一期から七期生までと特別幹部候補生を含め四千四百名に達した。

小田らの五期生だけでも約九百人いた。一学年は三中隊からなり、一つの中隊は五区隊にわかれ、中隊別に宿舎が割り当てられていた。学校では学科から戦車の構造、操縦、兵器の操作までみっちりと叩き込まれた。少年戦車兵の愛称は「豆タン」。豆とは少年、タンはタンク（戦車）の意味である。少年通信兵は「豆ツウ」と呼ばれた。

小田の実家は北海道の十勝で雑貨店を営んでいた。根室の根室商業に入学したが、寮生活で上級生のいじめがひどくて嫌気がさした。太平洋戦争が始まったこともあり、どうせ戦争に行くのなら好きな兵科がいいと思い、少年戦車兵学校を選んだ。泳ぎはうまくないのもひとつの理由だった。

綱嶋正己は函館出身。地元の旧制小学校を卒業したが、家は貧しく、函館師範附属高等科に進学した。十四歳だった。昭和十六年の開戦後、世間の空気が一変した。

綱嶋は教員を目指す師範への進学はやめて、少年戦車兵を目指すことにした。しかし、入学時に発育が良くないと判定され、通称「保護中隊」と呼ばれた中隊に入れられ、肝油やビタミン剤などを支給された。学校が厳しかった思い出はない。学校の近くに有名な白糸の滝があり、学校から駆け足で行ったことを覚えていた。富士山登山も恒例の訓練だったが、戦局の悪化に伴い、卒業までの期間が半年短縮されたことで、富士登山はついに実現しなかったのだ。

日野宇三郎は四国の愛媛県周桑郡の出身だった。大阪の小さな鉄工所で働いていたとき、少年戦車兵を知り受験した。少年の時から機械の分解や組み立てが好きで、少年戦車兵ならば自分に合っていると思った。

卒業が近づき、どの方面に送られるか、豆タンたちは運命の岐路に立った。北方（北千島・中部千島）、南方（フィリピン・サイパン）、中国（北支・中支・南支）のほか、内地もあったが、内地は長男だけが対象だった。南方戦線に向かった豆タンたちの多くが戦死した。小田と綱嶋はそれまで占守島という名前は聞いたことがなかった。

「絶対国防圏」の北の要

北千島へ向かう小田らの悲壮な胸中は無理からぬことだった。二年前の昭和十八年五月、アリューシャン列島のアッツ島守備隊が玉砕、昭和十九年七月には太平洋最大の拠点サイパン島が陥落していた。

千島列島は北方の重要な防衛線であり、日本軍は次の米軍の上陸地点として占守島など北千島も有力視していた。事実、米軍内では千島列島を南下し、北海道に侵攻、次に本州を占領するという作戦も検討されていた。

昭和十九年二月、樺太や千島、北海道の防衛を担う第五方面軍の編制が発令され、司令官には ロシアに精通した樋口季一郎中将が任命された。北千島には満洲から精鋭の戦車第十一連隊を移し、新たに第九一師団を編成して幌筵《ぱらむしる》島柏原に司令部を置いた。師団長は堤不夾《ふさ》貴《き》中将。占守、幌筵両島は日本政府が定めた「絶対国防圏」の北の要という位置づけとなった。

占守島と幌筵島などからなる北千島と、得撫《うるっぷ》島や松輪《まつわ》島など中部千島、現在では北方領土と呼ばれる南千島は急速に戦時色が強まった。当時、日本が領有していた北緯五〇度線以南の南樺太では、北樺太のソ連軍に備えるため、北部に主力を置いていたが、対米戦のために南部の沿岸部の防衛を強化し、各地にトーチカが構築された。南樺太では第八八師団が昭和二十年に編成され、豊原（現ユジノサハリンスク）に司令部を置いた。総兵力は二万人だった。

占守島は鹿児島県種子島よりやや小さい、ベル形をした縦約二十五キロ、横十二キロ、面積約三百八十平方キロメートルの平坦な島だった。火山列島である千島列島は急峻な地形の島が多い。九一師団が司令部を置いた幌筵島は、同列島で択捉《えとろふ》島に次いで二番目の広さがあり、面積約二千五十三平方キロメートルだった。

師団司令部があった柏原の背後には幌筵硫黄岳（一千百三十六メートル）がそびえる。山麓はハンノキが茂るが、標高三百メートルで早くも森林限界となる。これ以上はハンノキもハイマツも生えていない。標高八百メートルほどの山腹には天然のブルーベリーの大群落が広がり、夏から秋にかけては濃い紫色の実をびっしりと付けた。

山頂部には巨大な火口部が口を開け、常に白い噴煙をなびかせて、広大な外輪山が取り巻いていた。火口周辺からは硫黄が豊富に採れ、山肌は硫黄によって黄色に染まり、辺りには独特の臭気が立ち込めていた。北の台飛行場の背後にそびえる一文字嶺や島西部の後鏃《しりやじり》岳（二千七百七十二メートル）、島最高峰の千倉岳（二千八百十六メートル）など千五百メートルから千八百メートル級の峰々が島中央に連なり、背骨のような主稜線を形作っていた。峰々の沢筋に残る雪は一年中消えることはなかった。

当時、占守と幌筵両島は、豊かな周辺の海で採れるサケ・マスやタラバガニ、マダラなどを原材料にした水産加工業が盛んで、幌筵島は島周囲の海岸線をぐるりと取り巻くように多

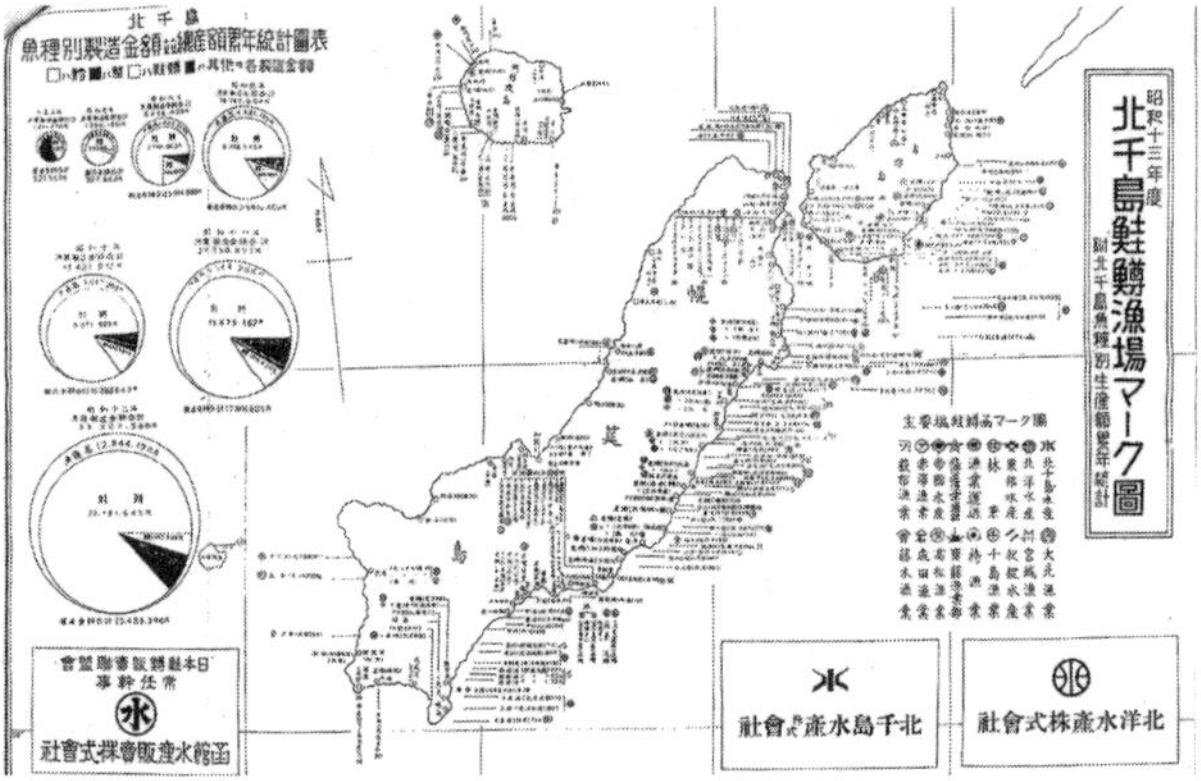

昭和13年度の北千島（占守島、幌筵島、阿頼度島）のサケマス漁場マーク図

数の水産工場が建設され、最盛期には二万人もの出稼ぎ労働者が二十四時間三交代制で働いた。出荷されるサケやカニ缶は日本の主要輸出品だった。

太平洋に面した擂鉢《すりばち》湾には各社の水産加工場が建ち並び「東洋一」の規模を誇り、夏場には小料理店や郵便局の出張所さえもあった。それも春から秋までの短い期間で、冬場には工場の警備員が残るだけの「出稼ぎの島」だった。島内には満足な道路さえもなく、町といえるのは柏原だけだった。

占守島も事情はまったく同じだった。九一師団は島内をほぼ南北に走る道路の造成を急ぎ、昭和十九年夏までには幌筵海峡に面した長崎と、最北端の国端崎《こくたんざき》を結ぶ幅六、七メートル、全長約三十キロの軍用道路を開通、川には木造の橋を架け、丘は削られて切通しとなった。この道は「占守街道」と呼ばれた。

士魂部隊――戦車第十一連隊

最大時、北千島で約四万五千人を数えた兵員は、米軍との激戦が続く南方戦線に引き抜かれたが、終戦時でも占守島には約八千五百人、北千島全体では約二万三千人が配備されていた。

九一師団は、歩兵七三旅団（占守島）と歩兵七四旅団（幌筵島）から組織されていた。司令部がある幌筵島柏原には師団司令部と七四旅団（佐藤政治旅団長、五個大隊）。占守島には、幌筵海峡側の千歳台に七三旅団（杉野巌旅団長、五個大隊）と独立歩兵第二八三大隊、戦車第十一連隊を置き、幌筵島の防衛にも備えていた。

後にソ連軍が上陸した島北部には北部遊撃隊（独立歩兵第二八二大隊、村上則重大隊長）のみが配備されていた。村上大隊の役割は、米軍が島北部に上陸した場合、水際で打撃を与えて、その上陸を極力防ぐというものだった。大隊は基本的に歩兵四個中隊と砲兵一中隊の五中隊から組織され、兵員は約千人だった。

戦車第十一連隊連隊長　池田末男

小田らが配属された戦車第十一連隊は、太平洋戦争が始まる前年の昭和十五年に満洲東安省斐徳《ひとく》で創設された部隊だった。陸軍は対ソ戦を念頭に同十七年に戦車二個師団（四個旅団）、総員約一万三千八百名を編成。戦車八個連隊を基幹とし、戦車第十一連隊もその一つだった。

昭和十九年二月、戦車第十一連隊は主力を北千島に、一部を中部千島に展開する動員令を受け、満洲から朝鮮半島、日本本土を経て二月末に小樽に集結した。小樽から輸送船に分乗して北千島の占守、幌筵島と、中部千島の得撫、松輪島へと送られ、三月から四月にかけて北千島に到着した。

戦車第十一連隊は、池田連隊長以下総勢七百六十四人。少年戦車兵は小田ら第五期生十一人を含めて三十五人が配属され、戦車は九七式中戦車三十九両と軽戦車二十五両が配備されていた。連隊は六中隊に分かれて、このほか整備中隊があった。敵の空襲から被害を分散させるために、連隊本部（中戦車二両、軽戦車一両）は島西側の岩木台を拠点に、第一中隊（中戦車八両、軽戦車三両）は近くの山田野に、第二中隊（中戦車九両、軽戦車二両）は占守街道横の田沢台、第三中隊（中戦車八両、軽戦車三両）は島中央部の天神山近くに、小田らが配属された第四中隊（軽戦車十一両）は天神山西側の大和橋、第五中隊（中戦車八両、軽戦車二両）は島西寄りの三塚山付近、第六中隊（中戦車四両、軽戦車三両）は第二中隊近くの向ヶ丘に分散配置された。

柏原北側の溶岩台地の北の台には、北の台飛行場が整備されて、札幌・丘珠《おかだま》飛行場から戦闘機隼の部隊である陸軍飛行第五四戦隊が進出した。

海軍も占守島・片岡に現地司令部を置き、第五一、第五二警備隊など約千五百人、片岡飛行場には海軍北東航空隊北千島派遣隊が駐屯していた。このほか、中部千島の得撫島、新知《しむしる》島、松輪島などには約九千人、南千島の択捉島には第八九師団約一万四千人、国後《くなしり》島約八百人、色丹《しこたん》島約二千四百人が配置された。

占守と幌筵島の各部隊は、米軍上陸に備えて、陣地の構築や訓練を重ねていた。米軍の襲来を予感させるようにB24など米爆撃機が再三襲来し、その都度、陸海軍機が迎撃に飛び立った。

主力戦車——九七式中戦車と九五式軽戦車

九七式中戦車は陸軍主力戦車だった。

通称はチハ車。「チ」とは中戦車の意味で、「ハ」とは国産中戦車の三号目を指す。全長五・五五メートル、全高二・二三メートル、全幅二・三三メートル、重量一五・〇トン。空冷ディーゼルエンジンで一七〇馬力。最高時速三八キロ。装甲の厚さは八〜二五ミリ、武装は五七ミリ戦車砲一門、七・七ミリ車載重機関銃を砲塔の前後に計二丁装備し、乗員は四人。車長(戦車長)、砲手、操縦手、通信手兼銃手だった。

短砲身の五七ミリ砲は対歩兵戦闘用で近距離の榴弾射撃を想定していた。欠点は砲身が短いため、砲弾の初速が遅く、射撃訓練時に砲身から放たれる砲弾の弾道が肉眼でも見えるほどで、対戦車戦では不利だった。

榴弾とは爆発時の熱と飛び散る破片によって敵兵や施設などを殺傷、破壊する砲弾であり、もう一つの徹甲弾とは戦車などの装甲を貫通して内部で炸裂するものである。砲塔部の後部にも機銃が装備されて、後方の敵に対して撃つこともできたが、砲手は一人のため前後を同時に撃つことは不可能だった。

北千島で訓練を行う97式中戦車改(新砲塔チハ)

戦車第十一連隊の中戦車三十九両のうち、この五七ミリ砲を装備した戦車が十九両あり、残る二十両は砲塔を改良し、対戦車戦用に砲身の長い四七ミリ砲を搭載した九七式中戦車改（新砲塔チハ）だった。砲身が長くなれば、砲弾の初速がそれだけ速くなり、貫通力が増す。砲塔部の形が異なるため、外見上は別の戦車にも見えた。米軍のM４中戦車に対抗できる戦車として期待されていたが現実は違った。

改良型を含めて九七式中戦車は終戦まで二千百二十三両が作られ、日本陸軍の主力戦車だったが、米軍やソ連軍の主力戦車にははるかに性能面で劣った。四七ミリ砲弾は非力で米ソの戦車の厚い装甲に跳ね飛ばされてしま

占守島から持ち出されサハリン州郷土博物館で復元されて展示されている日本軍の95式軽戦車

う。戦車兵の練度は対ソ戦を念頭にした猛訓練によって非常に高く、その命中率は抜群だったが、肝心の砲弾が相手戦車の装甲を貫通しなければ効果はない。実際にサイパン島での戦闘で、九七式中戦車は米軍のM4中戦車に通用せず、逆に米戦車と米軍の新兵器バズーカ砲によって日本軍の戦車部隊は短時間で壊滅した。

九五式軽戦車は、全長四・三メートル、全高二・二八メートル、全幅二・〇七メートル、重量は六・七トン。空冷ディーゼルエンジンで一二〇馬力。最高時速は四〇キロ。砲塔には三七ミリ戦車砲一門と前後に七・七ミリ車載重機関銃を二丁装備していた。乗員は三人で、車長が砲手を兼ね、ほかは操縦手と通信手兼銃手。索敵や伝令が主な役割の戦車だった。終戦までに千両以上が造られ、九七式中戦車に次ぐ生産台数を誇り、軽くて速い傑作戦車とされたが、装甲は六〜一二ミリと薄く、米戦車との戦車戦などは論外だった。小田が配属された第四中隊はこの軽戦車十一両からなる中隊だった。

小田は戦車学校時代に米軍のＭ４中戦車の装甲は厚く、九七式中戦車では対抗するのが難しい現実を知った。ソ連やドイツの戦車はそれ以上の性能らしかった。唯一の戦術としては、敵戦車が土手を乗り越えようとする瞬間、わずかに覗《のぞ》く車体下部を狙うか、敵の砲口に直接、砲弾を撃ち込むしかないと教えられた。これは実際の戦車戦は難しいと言っているのに等しい。接近戦になった場合は物陰に潜んで、敵戦車が通過しようとする際、斜めにぶち当たり、敵の駆動輪を破壊せよとも習った。小田はそのような戦術が戦場で通用するのか疑問に思った。

「この兵隊たちの格好を見ろ」

小田らを乗せた天領丸は昭和二十年二月九日に占守島と幌筵島を隔てる幌筵海峡に到着し、小田らは十一日に占守島長崎に上陸した。暦は立春だったが最果ての島はまだ真冬だった。小田らを一人の若い将校が出迎えた。長島厚大尉と名乗った。長島は戦車第十一連隊から九一師団司令部に派遣されていて、情報部の参謀をしていた。「少年戦車兵が来たと聞いたので懐かしくてな。おまえたちの顔を見に来た。ここにいる間、困ったことがあれば来い。俺が面倒をみるから」と気さくに言った。

雪が覆う郡司ケ丘で、池田連隊長の着任式が行われた。郡司ケ丘とは明治期に北千島の開拓に入った元海軍軍人郡司成忠ら報效義会《ほうこうぎかい》の会員を祭った場所で、「志士之碑」と刻まれた石碑が立っていた。報效義会とは、明治時代に日本領となった北千島には住民がいなかったため、諸外国の密猟船に荒らされ、それを憂いた郡司が海軍を辞めて設立した開拓団であった。海軍の下士官、学生、地方青年らで組織され、明治二十六年(一八九三年)、郡司ら約五十人は東京・隅田川を出発し、北千島の開拓の先駆者となった。その中には後に日本初の南極探検で有名になった白瀬矗《のぶ》らも加わっていた。

碑が立つ丘からは幌筵海峡越しに柏原と一文字嶺、さらに阿頼度山までを一望できた。

小田は第四中隊に配属されたが、みすぼらしい格好だった。軍服の布地は粗悪品、軍靴は豚革製、ブリキ製の水筒さえ半分の兵隊しか持っていなかった。帯剣も薄っぺらな鉄板を切って、形ばかりの刃を付けた代物だった。

小田らと対面した中隊長の伊藤力男は「日本もついにここまで来たのか」と悲しげな表情を浮かべ、小田ら新兵を隊員たちの前に並ばせて、「この兵隊たちの格好を見ろ。日本はこんなにものがない。これぐらいの装備しか持たさず、外地へ送るしかない状況なのだ。こんな苦境にある祖国のために君たちは全力で頑張ってほしい」と訓示した。伊藤は小田らに新しい軍服を与えた。

片岡の丘に立つ「志士之碑」。大戦中の状況

兵舎はいわゆる三角兵舎で、遠くからは雪原と見分けがつかなかった。ハイマツや草を取り除き、地面を掘り下げて板張りのパネルを組み立てて側壁として、屋根は地面よりわずかに高い程度で、土と草で覆い擬装した。冬は雪原と屋根は同じ高さとなった。兵舎の真ん中には通路が走り、左右が兵士たちの寝床だった。奥にはまきストーブがどんと置かれ、煮炊きにも使われた。

低気圧の墓場

小田らを一番驚かせたのは猛烈な吹雪だった。「低気圧の墓場」と異名される北千島では冬場になると風速三十メートル以上の強風が吹き荒れ、横殴りの地吹雪は目も開けていられないほどだった。三角兵舎から二、三十メートルほど離れて便所が作られ、冬場にはこの間を一本のロープが渡されていた。吹雪の時は日中でも必ずロープを伝い、往復した。もしも油断してロープを手放すと、すぐに方向感覚を失い、帰る方向がわからなくなる。目印にと数メートルおきにハイマツの枝を雪面に突き刺すこともあった。

豆タンの一人、第一中隊の日野宇三郎は猛吹雪の中、そりを引いて炊事班の兵舎までロープ伝いに向かった。雪の粒が目に入り、痛くて、思わずロープを手放して目を覆った。再びロープをつかもうとしたが、ロープが見当たらない。日野は慌てて周囲を歩き回ってしまい、方向がわからなくなった。「このままでは凍死する」と恐怖心がわき上がった。日野はスコップで雪面に穴を掘ってマントをかぶって吹雪がやむのをじっと待つことにした。半日も身を縮こまらせて我慢しているとようやく吹雪は収まった。穴からはい出した日野は周囲の地形が見える場所に立った。すぐ下に兵舎が見えて、兵隊たちが日野の捜索に向かおうとしていた。日野は中隊長から大目玉を食った。

幌筵島でも吹雪は大敵だった。

同島北の台飛行場に派遣された整備兵黒羽実は、終戦前年の昭和十九年冬、風速四十メートルの暴風雪に遭遇した。隼を格納する亀の甲羅のような形の掩体壕に雪が吹き溜まり、中の隼が完全に埋没した。掩体壕に収容し切れない機体は、主翼と地面を太いロープで結んでいたが、強風でロープが断ち切られ、機体が完全に裏返しとなり大破した。ほかの機体のプロペラは風を受けてまるでエンジンを始動させているかのように轟轟と回転した。

飛行場では吹雪が収まると次は機体の掘り出し作業が待っていた。深夜から除雪作業は始まり、未明までかかって二十数機を掘り出し、次いでエンジンの暖機運転を行い、滑走路の雪を取り除く。北の台飛行場には除雪車が配備されていたが、基本的には人力頼りだった。吹雪になれば黒羽ら整備兵たちはくたくたとなって夜明けを迎えるのが常だった。

黒羽らは兵舎に戻り、朝飯をむさぼるように食べ、敵空襲がないと判断すると、上官は「寝ろ」という号令を掛け、黒羽らはストーブの周りに倒れるように眠りに落ちた。北海道から北千島へ向かうある部隊の将校が兵士たちに対し、「北千島には敵もいないし、女もいない。いるのは熊と吹雪だけだ」と訓示したという逸話が残っている。

三月になっても連日、吹雪が続いた。春の到来を告げるように湿った雪が降ると雪原は固く締まった。小田ら豆タンらに課せられた作業は、占守島に備蓄されたガソリンなどを内地へと送り返す「逆輸送」だった。それほどまでに内地の燃料不足は深刻な状況となっていた。ガソリンを入れるタンクも足りないため、航空機の増槽タンクを輸送タンクに仕立てた。小田らは占守島のほぼ中央部の三好野飛行場から長崎まで毎日そりを引いた。

水際作戦から面式防御作戦へ

小田はそんな作業の傍らで不思議な兵隊を見かけた。最初は子犬を連れているかと思ったが、それは犬ではなく、子供のアザラシだった。じっと見つめていると、傍らの先輩兵が「小田、目を合わせるな。あいつはキスカ帰りだ。荒れていて手が付けられない」とささやいた。玉砕したアッツ島の隣の島で濃霧の中、奇跡的な撤収を果たしたキスカ島。兵士たちは柏原まで戻り、占守島などに配属されていた。アザラシはキスカ島から連れ帰ったものだった。

小田は先輩兵からこんな話も聞いた。

配属となった第四中隊は、本来は硫黄島へ行くはずだった。しかし、硫黄島で戦死した五輪メダリストの「バロン西」こと、西竹一中佐の伊藤中隊長に対する覚えが悪く、戦車第十一連隊の一個中隊が中部千島の松輪島に転出した後の補充として、占守島へと派遣が決まり、当初は独立戦車第二中隊と呼ばれていた。

サイパン島や硫黄島における米軍との戦闘は九一師団にも影響を与えた。主力部隊を海岸沿いに配置して、米軍の上陸時に波打ち際で撃滅する水際作戦は、事前に日本軍の陣地が航空機の偵察で把握され、徹底的な空爆と艦砲射撃を浴びた。水際作戦は米軍の物量作戦の前に効果が薄いことを日本軍は学び、九一師団も作戦変更を強いられた。

九一師団が立案した作戦内容はこうだった。

周囲を絶壁に取り囲まれた占守島で、米軍の上陸地点と想定されたのは島北端の竹田浜だった。この全長約三キロの浜は遠浅の海岸が広がり、上陸作戦の最適地だった。一方で上陸作戦が可能な時期は限られていた。春から夏にかけての濃霧、秋以降は低気圧の襲来、猛吹雪が吹き荒れる冬は、米軍といえども大規模な上陸作戦を行えないはずだった。残る季節は雪解けの五月から九月にかけてしかなかった。五月に上陸したとしても最大限半年粘れば冬が来る。そうなれば訓練を積んだ冬季戦闘で勝機を見出せると判断した。

戦術的には、国端崎などを受け持つ北部遊撃隊（村上大隊）が上陸部隊に対して砲火を浴びせて、極力水際で打撃を与えた後、内陸まで進出して来た米軍に主力部隊が神出鬼没の奇襲攻撃を行い、同時に後方部隊を攻撃して攪乱するという面式防御作戦（縦深陣地作戦）に切り替えた。

しかし、歩兵とは違い、陣地構築に時間がかかる砲兵部隊は簡単には陣地を移すことが不可能だった。まして、米軍に易々と上陸を許せば、圧倒的な物量の前に一気に押しまくられることは必至。このため国端崎周辺の砲兵部隊の配置だけは変更せずに、上陸時に猛射を加えて消耗を強いることで決着した。

この作戦変更のため、ソ連軍上陸時、その矢面に砲兵部隊とわずかな歩兵が立つことになったのである。

同師団は浜を見下ろす国端崎と浜に突き出た小さな岬の竹田岬と小泊《こどまり》岬（小泊崎とも表記）に陣地を設営した。特に国端崎陣地は堅い岩盤を掘った堅牢な洞窟陣地で、「千島一」と称された。陣地の構築は昭和十八年から始まり、兵士たちは鏨と大ハンマーを振るい、岩盤に穴を穿ち、ダイナマイトを仕掛けて、少しずつ堅い岩盤を砕いた。昭和二十年には同崎地下に洞窟陣地が完成していた。米戦艦の艦砲射撃と猛爆撃に耐えられる堅牢な構造の陣地は、ソ連軍の砲火を跳ね返すことになる。

国端崎には第二八二大隊の一個小隊約七十人と、野砲小隊十九人、速射砲一個分隊、臼砲一個分隊など守備隊長の片桐茂少尉以下約百三十人が配置された。臼砲とはドラム缶を輪切りにしたような砲弾の中に火薬を詰めて発射する近距離射撃用の兵器だった。このほか、小泊岬と竹田岬にも速射砲部隊、そのほか周囲の台地にも大隊砲と速射砲が置かれていた。村上大隊は国端崎より約四キロ西側の四嶺山《しれいざん》に大隊本部を置き、その麓に長距離砲の一五サンチカノン（加農）砲と一〇サンチカノン砲各一門、高射砲二門が備え付けられた。四嶺山よりやや西側の大観台などに歩兵部隊が駐屯していた。竹田浜を取り囲むように各砲が配備されていた。

終戦当時、国端崎陣地に砲兵として駐屯していた野呂弘は戦後、沖縄戦最後の日本軍司令部を訪ねた。野呂は「国端崎とは比べられないほどの貧弱さだ」と驚いた。終戦時、国端崎陣地には野砲一門と速射砲二門が配備されていた。二カ所に設けられた野砲の砲門は、沖合の敵艦からの死角になるように工夫され、眼下の竹田浜とオホーツク海に向いていた。野砲は、歩兵との共同作戦を念頭に設計された野戦用の大砲で車輪がついており、通常六頭の軍馬に曳かせた。国端崎陣地では野砲を洞窟から外にひき出して砲撃することになっていた。

野砲隊を指揮する速応《そくおう》武男少尉は、発射間隔を短くするように猛訓練を重ね、濃霧のため視界がまったく効かないような悪天候でも高い命中率を誇った。

占守海峡はソ連の命脈

国端崎守備隊の中には、向地視察隊という部隊があった。任務は対岸のソ連軍と占守海峡を通過するソ連船舶の情報収集だった。無線を傍受して分析する特殊情報部は幌筵島柏原に支部を置いていた。国端崎は占守海峡をはさんでソ連（ロシア）領カムチャツカ半島ロパトカ岬と対峙する。一八七五年に日本とロシアが結んだ樺太千島交換条約によって全千島列島が日本領となった以降、国境を臨む岬となり、昭和十三年に国端崎灯台が建設された。

同海峡は独ソ戦下、米国がソ連に供与した燃料やトラック、軍用機などの軍事支援物資を満載したソ連船やソ連国旗を掲げて偽装した米輸送船が通過し、ソ連極東の玄関口である軍港ウラジオストクやナホトカを目指した。ソ連船はオホーツク海を横断して宗谷海峡を抜けた。偽装した米国船は稚内沖の宗谷海峡を避けて、サハリンと大陸を隔てる間宮海峡経由で日本海を南下した。アメリカが送った膨大な軍事物資はシベリア鉄道で独ソ戦の最前線へと送られた。同海峡はソ連の命脈だった。日本軍は一部の船は偽装米国船の可能性が強いことを十分に認識していたが、ソ連を刺激しないように臨検などは行わなかった。

戦前の国端崎灯台

小田は部隊間の連絡用としてトラックを運転して島内のあちこちに出向く機会が多く、終戦前に伊藤中隊長の用事で国端崎まで向かった。伊藤が打ち合わせ中、小田がトラックの周囲に立っていると、壕の中から望遠鏡でロパトカ岬を監視していた一人の下士官が、「おまえ、覗いてみるか」と見せてくれた。するとソ連兵が陣地内を行き来するのが見えた。監視兵の役割は、沖合を航行するソ連船の通過隻数を数えることだった。その下士官は「おれたちは、だまって（米国）船を通してやっているんだ。ソ連だって恩に感じているさ」と言った。

九一師団も、札幌の第五方面軍も、末端の兵士も、ソ連軍が占守島に上陸することなどまったく考えてもいなかった。その根拠の一つが「ソ連が感じるはずの恩」という実に手前勝手な推論だった。何事も自らに都合よく考える思考法は、最前線の兵士だけではなく参謀、軍司令部、さらに大本営にも共通する日本軍の欠点であった。

この世の天国

五月になって島を覆っていた雪が解けると、占守島は別世界となった。島には背の低いハンノキや日本の高山に生えるハイマツ程度しかなく、背の高い針葉樹や広葉樹などは一本もない。五月になって気温が上昇し始めると、海水温との差によって海霧が発生し始めた。千島特有の霧は時には数メートルほど先さえも見えない乳白色のカーテンとなって島を覆った。

同時に島内のいたるところでクリーム色のキバナシャクナゲが咲き始め、沢地にはヤチブキ（エゾリュウキンカ）が鮮やかな黄色の花を開き、遅い春の到来を告げた。ガンコウランやハイマツの濃い緑と残雪のコントラストが見事で、内地では高値で取引されるバラ科の低木キンロバイ（金露梅）の群落が延々と広がり、小さな黄色の花が織りなす風景はまるでこの世の天国のようだった。小田は「こんな素晴らしいところがこの世にあるのか。後楽園とか兼六園とか、有名な庭園は見たことはないが、占守島はそれにも勝るのではないか」と思わず見とれた。

占守島は高山植物の楽園でもあった。白色の花を付けるシュムシュノコギリソウは、この島で見つかったことから名づけられた。赤紫色のハクサンチドリ、オレンジ色のクルマユリ、クリーム色の花弁に紫色の筋がアクセントのチシマクモマグサなど、色とりどりの高山植物が一斉に開花し、ヤナギランは丘陵をピンク色に彩った。平坦な地形の島は全島が高山植物の花園と言っても過言でなかった。あまりにも気象条件が厳しく樹木が生育できないのだ。

初夏になると、カラフトマスが島内の川を遡上し始め、夏場からはシロザケが故郷の川を目指した。島内で最大級の別飛《べっとぶ》沼から流れだす別飛川には、シロザケのほか、ギンザケやベニザケも姿を見せた。

驚いたことに幅二、三メートルの川にもマスやサケが群れていた。小田らの第四中隊に割り当てられたのは「咲別川」と名付けられた小さな川だったが、約百人の隊員の胃袋を満たすほどの漁獲があった。咲別川は島中央部の天神山から流れ出し、小田らの第四中隊の兵舎があった大和橋の下をくぐって、太平洋に注いでいた。

北海道からの補給路は敵潜水艦によって脅かされ、九一師団にとって食料の自給と節約はもう一つの戦いだった。豊かに採れる前浜のコンブを刻んで米に混ぜて炊き、毎食ごとに出るサケやマスに将兵たちは食傷気味だったが、南方戦線のように飢え死にすることは考えられなかった。航空隊では栄養に富む玄米の消化をよくするために一口ごとに三十回噛むことが命じられ、下士官が横に立って数を数えた。北千島には昭和二十年の時点でかなりの食料備蓄があったが、師団では米軍侵攻に備えて四年間分の備蓄を目標にしていた。

冬は内地から送られてきた乾燥野菜が頼りだったが、春になって沢地のヤチブキが芽吹くようになると、新鮮なヤチブキのおひたしが食卓に並び兵隊たちを喜ばせた。

ある時、第四中隊の炊事担当が野草を調理しようとしていた。担当の兵は「ヨモギ」というが、小田は葉の形が違うことに気づいた。それは猛毒のトリカブトだった。実際に各部隊で間違ってトリカブトを食べてしまう事故も起きていた。甘酸っぱいガンコウランやヒマワリの種のような味がするハイマツの実も兵士たちはよく口にしていた。

六月となり、北緯五十度の島は日没が午後九時近くとなり、日の出は午前三時前と極端に夜が短くなった。戦車兵たちの日課は午前三時に起床し、四時半に朝食、訓練や陣地造りなどを行い、午後四時に夕食、七時には消灯だった。しかし、夜はとても短く、どの兵士も睡眠不足に苦しんだ。

昭和二十年の七月になっても米軍上陸の兆候はなかった。

サケやマスが本格的に遡上する季節となり、小田は中隊長命で長崎にあった日魯漁業の缶詰工場に漁網を借りるため出向いた。終戦のこの年も工場では北海道や東北各地から出稼ぎに来た女性工員など約四百～五百人が働いていた。沖合では独航船と呼ばれた漁船がサケやマスを漁獲して、それを工場で缶詰に加工した。幌筵島も合わせると千五百人もの人々が日夜、缶詰作りに精を出した。終戦時も缶詰工場が操業していたのは、日本軍が日魯漁業に平常通りの操業を強く求めたからだった。国内で不足する食料を賄う一方で、北方の防衛も万全であるという国内向けの政治的アピールでもあった。同時に軍は日魯漁業に対して、あらゆる援助を約束していた。

小田がふと缶詰工場内の窓からのぞくと、休憩時間となった女性工員たちが姿を現し、「まあ、かわいい兵隊さんだこと」と喜び、キャラメルを手渡してくれて、「夜になったら遊びにおいで。かわいがってやるから」とはやし立てた。小田は顔面が真っ赤になった。女たちも自分たちが重大な運命の岐路にあることを知らなかった。

玉音放送

中隊長の伊藤は部下の通信兵に極秘に指示して、深夜に米国の日本向けラジオ放送を聞かせて、毎朝報告を受けていた。ラジオの傍受は禁止行為だったが、伊藤は傍受を続けさせて、後に連合国がポツダム宣言の受諾を日本に迫っていることなど日本を取り巻く国際情勢を知ろうとした。伊藤は常々、「俺はこの島で部下を一人も殺したくない。故郷に帰すのが俺の務めだ」と話すような常識人だった。小田ら豆タンたちは、兵長から昭和二十年六月に伍長になっていた。

米軍上陸の気配は相変わらずなく、ついに八月十五日朝を迎えた。

正午から天皇陛下のラジオ放送があると師団から連絡があり、第四中隊でも伊藤をはじめ全隊員が大和橋近くの兵舎前に集合し、戦車から無線機を取り外して、ラジオ放送を受信しようとした。しかし、電波状況は悪く雑音しか聞こえなかった。時が過ぎて、「天皇陛下はこれからもがんばれと言っておられるのだろう」ということで解散となった。

夕方の六時ごろ、師団本部から戻ってきた部隊員の話が漏れてきた。

「今日の天皇陛下の放送だが、どうやら日本は無条件降伏をしたらしい」

だれかが「日本はもう戦えないな」と言った。毎夜、伊藤の指示で米国の日本向けラジオ放送を傍受していた無線兵が「実は昨日のラジオで『日本が無条件降伏した、日本が負けた』と繰り返していた。『戦争のことを忘れて、日本をどう再建するか考えてください』とも言っていたぞ」と小さな声で付け加えた。

小田は「当分は片付けと骨休みだな。内地へ帰れる。戦争が終わってよかった」と内心ほっとした。日本が負けてくやしいという兵隊は小田の周囲にはいなかった。

豆タンの綱嶋も「これで函館に戻れる」と両親の顔を思い浮かべた。帰国になれば、大量に備蓄していた食料が無駄になるため、十七日夜には各兵舎でささやかな宴会が開かれた。一人酒二合、羊羹《ようかん》一本、キャラメル二箱が分配され、塩マス、筋子や白子も皿に山盛り盛られ、食卓を飾った。サケの刺身も用意された。玄米を突いて白飯を炊いた。

久しぶりの酒に誘われてそれぞれお国の歌が出た。戦争に負けた残念会といった雰囲気だった。綱嶋は「泣く者はおらず、みんな戦争の終結を心から喜んでいた」と振り返る。終戦の知らせを複雑な思いで聞いていたのが朝鮮出身のイ・ジョンギュ（大沢実助）だった。後にNHKのインタビュー（NHK　BSプレミアム「戦争証言スペシャル・運命の22日間　千島・サハリン〈樺太〉はこうして占領された」二〇一一年十二月八日放送）に対して、イは終戦と聞いて飛び跳ねるほどうれしかったと振り返る。これでようやく解放されると思ったからだ。だが、イはそれをおくびにも出さず、周囲の話を黙って聞いていた。これまで故郷・朝鮮はあまりにも遠いと半分あきらめていたが、日本が負けたのだからきっと故郷に戻れると思った。

武蔵哲《たどる》は、終戦当日は竹田浜近くの小泊岬南側の訓練台と呼ばれた台地にいた。武蔵は二八二大隊第一中隊第一小隊長だった。武蔵は北海道の岩見沢市出身。昭和十八年に仙台の陸軍予備士官学校を卒業して、樺太の日ソ国境線に近い上敷香の部隊に配属された後、同年十一月に北千島に転属となり、約六十人の歩兵を指揮する小隊長になった。当時二十二歳だった。部下たちの多くは、キスカ島から撤退してきた兵士たちで、中にはノモンハン事件を生き抜いたベテラン兵もいた。小隊で武蔵より年下は一人しかいなかった。

武蔵らの兵舎は国端崎近くに注ぐ豊城川の上流にあり、十七日は兵舎で休んでいた。

「終戦と聞いて、これで日本へ帰れるとほっとした。もうすぐ米軍がやってきて武装解除されるはずと聞き、引き渡す銃を磨いて銃弾もまとめておいた。十七日夜には、配給された羊羹や乾パン、金平糖を口にして故郷に思いをはせていた」

国端崎方向からの不審な砲声

九一師団は米軍の軍使が来れば、抵抗せずに降伏する方針だった。戦車連隊長の池田は将校全員に告げた。

「昨日、陛下はポツダム宣言の受諾を表明された。まもなく武装解除の軍使がくるであろうが、わが連隊も準備にとりかからなければならない。詳細は、師団司令部の参謀から指示されるが、諸君は今日まで、規律正しく労苦によく耐え、健闘してくれた。指揮官として心から礼をいう。本日の壕掘りの作業は中止して、十分に休養するように」（『歴史街道』二〇一五年十二月号「総力特集　１９４５　占守島の真実」掲載の大野芳著「『池田連隊はこれより敵中に突入せんとす』戦車第十一連隊、鬼哭の死闘」）

師団本部の参謀からは、銃および砲と砲弾は各中隊の営庭に集め、各戦車の砲を外し、太平洋に面した近くの断崖から海中へ落とす。書類はすべて焼却して、兵舎には白旗を掲げて、近く来島するであろう米軍の軍使には恭順の態度で臨むようにと指示された。

翌十七日、柏原の師団司令部で同師団の各隊長四十数名が集められた。堤師団長は土木作業の中止を命じ、終戦処理についても指示した。その上で「万一、ソ連が上陸する可能性がないでもないが、その場合は戦闘を行なわず、以後の命令指示にしたがって行動せよ」と訓示した。

ソ連は八日に日本に宣戦布告し、すでに満洲や南樺太への侵攻を始めていたが、占守島への攻撃を予想した者は皆無だった。会議中、通信参謀が「ロパトカ岬から砲撃がありました」と報告したが、「どうせ今回も演習か威嚇射撃だろう」と、各部隊長は楽観視し、上陸の前触れかもと警戒した者はいなかった。

ただ、堤師団長は村上大隊長に対して「武装解除の軍使が来る可能性が高い。ごたごたがおこらないように注意せよ。軍使が到着したならば即刻、連絡するよう配下に徹底させておけ。但《ただ》し、方面軍（札幌）からは、自衛のための戦闘を妨げず、と指示が来ている。心して対処せよ」とも付け加えた（同）。

小田は十五日朝に咲別川に出向いていた漁労班を収容するため、二両の軽戦車で現地へ向かうように指示されていた。戦車の暖機運転をするため、十七日深夜に宴会が続く兵舎から外へ出た。戦車から下りると、辺りは深い霧で覆われており、小田は兵舎への帰り道を見失ってしまった。

三十分ほど迷っている時、小田は、不審な砲声が国端崎方向から響いているのに気づいた。午後十一時すぎだった。小泊岬近くの沖には、座礁したソ連油槽船が放置され、ロパトカ岬のソ連砲台が日ごろ砲撃訓練の標的にしていた。「また、ロスケの野郎が遊び半分で撃っているんだな」と小田は気にも留めなかった。

北千島を占領後、中部・南千島まで侵攻せよ

極東ソ連軍のワシレフスキー総司令官は十五日、スターリンの命令を受けて第二極東方面軍と太平洋艦隊などに占守、幌筵、阿頼度《あらいど》、志林規《しりんき》の北千島の占領を命じた。

北千島には占守海峡と温禰古丹《おんねこたん》水道という太平洋とオホーツクをつなぐ海上交通の要衝があった。千島列島の戦略上の重要性をソ連軍は対独戦の物資輸送を通じて十分に認識していた。北千島を含めた千島列島が手に入らなければ、ソ連が対日参戦した意味がなくなるといっても過言ではなかった。後の冷戦以降、占守海峡と中部千島の北得撫海峡（ブッソル海峡）、択捉水道と国後水道は、オホーツク海と太平洋を結ぶソ連原潜や太平洋艦隊の回廊となり、千島列島はソ連にとって米国や日本、韓国に対する盾となった。

千島列島は、終戦半年前の一九四五年二月に行われた米英ソ三国によるヤルタ協定で、対日参戦の見返りとしてソ連に引き渡されることになった。その後、終戦直前同年七月のポツダム会談時の軍事会議で、千島列島の「第四海峡」、すなわち幌筵島と温禰古丹島の間の温禰古丹水道を米ソの作戦境界とし、占守、幌筵島などの北千島をソ連が、以南を米軍が作戦

区域とすることで合意していた。

だが、ソ連軍は北千島を占領後、中部・南千島まで侵攻する計画を立てていた。こうしたソ連の目論見を日本は察知していなかった。

大本営は十六日、「即時戦闘行動停止ニ関スル命令」を各方面に伝達した。全部隊への停戦命令の伝達徹底は四十八時間以内と判断し、停戦の完了刻限を十八日午後四時とした。千島や南樺太、北海道の各部隊を統括する第五方面軍は、大本営の命令を各部隊に伝達する一方、「やむを得ない自衛行動は妨げない。その完全実施の日時は十八日十六時とする」と付記した。

九一師団司令部はこれを大本営と連合国との合意事項と考えていた。この段階でもソ連は、米英を中心とする「連合国」には入っていなかった。もちろん九一師団は、そうした状況を知らず、そもそもソ連軍の侵攻など頭の片隅にもなかった。昭和十九年時点の戦力分析でも、カムチャツカ半島のソ連軍は兵力も乏しく、北千島への上陸作戦を行うことはできないと判断していた。

小泊岬や竹田岬陣地などの守備を担う村上大隊では十五日の終戦以後も不寝番を置き、夜間の監視を続けていたが、それも十六日を最後とし、十七日は深夜の監視を行っていなかった。戦争は終結したのだからもう不寝番は必要がないはずだった。ただし、師団長の指示通り、国端崎の守備隊に対しては、米軍の軍使が来る可能性もあるため、監視を怠らないようにと命じていた。

ソ連軍上陸部隊、出航す

ソ連軍の上陸部隊は十七日早朝、カムチャツカ半島のペトロパブロフスクカムチャツキーを出航し、灯火を消し足音をしのばせて占守島の竹田浜に接近していた。

ソ連軍は上陸部隊を先遣隊、それに続く第一梯団、第二梯団、陽動上陸部隊と四つに分けて、先遣隊は十七日午後十一時に国端崎から小泊岬（竹田浜）に上陸を開始して橋頭堡を確保し、第一・二梯団を支援する方針だった。

第一梯団は、先遣隊の一時間後、日本軍の抵抗が多い場合は先遣隊の上陸地点の竹田浜に、抵抗がない場合は島西側の別飛沼地区に上陸して飛行場がある片岡に進出する。第二梯団は別飛沼地区に上陸して、片岡を占領し、同時に柏原海軍基地を占領するために幌筵島の北東海岸に上陸する。陽動上陸部隊は十八日午前二時、占守島南端の中川湾に上陸して、主力部隊の上陸位置を欺瞞するとの作戦内容だった。

作戦を指揮するグネチコ少将は、十七日深夜に占守島北東部の竹田浜に奇襲上陸して、片岡飛行場を目指し、十八日の日没までのわずか一日で占守島全島を占領するスケジュールを立てた。占守島を占領した後、幌筵島、さらに南の温禰古丹島に上陸する作戦だった。

ソ連軍の北千島侵攻作戦は、周到に準備されたものではなかった。当初、モスクワからは二日間で作戦の準備をするように指示があったが、あまりにも時間がなく、もう一日の猶予が与えられた。ペトロパブロフスクカムチャツキー周辺の船舶をかき集め、上陸用の舟艇の中には米軍から供与された船や日本がカムチャツカ各地で水揚げ用に使っていた漁船も含まれていた。あまりに急な出撃命令だったため、重火器や対戦車ライフル、対戦車砲などは船底に押し込めた。

ソ連軍は国端崎への砲撃とほぼ同時に上陸作戦を開始した。小田が耳にした砲声は、このソ連軍の砲撃だった。これに対する日本軍は村上則重少佐率いる北部遊撃隊の独立歩兵第二八二大隊を基幹とするわずか千人とあまりにも少なかった。

国端崎陣地近くの兵舎にいた砲兵の野呂弘は十七日深夜、「ボーン」「ボーン」という地面を揺らす砲弾の炸裂音で飛び起きた。何時だったのかは記憶にない。日本軍最後の戦いとなる壮絶な戦闘が最果ての島で始まろうとしていた。

第二章　終戦三日後の激戦

「敵上陸、兵力数千人」

ソ連軍の上陸作戦がいつ始まったのか。

ソ連軍の記録では、上陸部隊の舟艇は十八日午前四時二十二分に竹田浜から約百メートルから百五十メートルの地点で停止し、遠浅の浜に上陸を始めたとある。カムチャツカとモスクワとの時差は当時も九時間で、日本との時差は四時間。つまり、十八日午前零時二十二分だ。司令部が禁止していたのにもかかわらず、上陸部隊は逸《はや》って砲撃を始めてしまい、日本軍に気づかれたとしている。

国端崎独立守備隊長の片桐茂の手記「国端岬の戦斗」（北千島慰霊の会編『会誌　戦斗小史〈二〉』一九七三年）によると、十七日午後十時四十五分ごろ、国端崎から西へやや下った場所にあった三角兵舎で就寝中、突如砲撃が始まった。片桐は夢心地の中、まるで炒り豆が弾けたような大音響がして兵舎が振動した。ジーンと耳鳴りがして、不気味な緊迫感が漂っていた。

ほどなく、兵舎に伝令が駆け込んできて「敵襲です」とうわずった声で告げた。片桐は「よし、配置につけ」と命じ、身支度もほどほどに無我夢中で国端崎陣地の監視哨に駆けつけた。

監視哨で片桐が双眼鏡を手にすると、国端崎から小泊岬にかけて次々に砲弾が着弾し、地鳴りのような音とともに至る所で砂煙が上がっていた。海峡向こうのロパトカ岬砲台や沖合の艦艇から撃ち込まれたものだった。絶え間なく立ち上がる砂煙は、地獄谷の泥坊主がゴボゴボと煮えたぎるような無気味な様相を呈していた。あまりに激しい炸裂音で、指示や号令も徹底しなかった。

片桐の双眼鏡は沖合に浮かぶ敵艦の姿をとらえた。敵艦は照明弾を上空に発射しながら浜に向かってきた。機関銃の曳光弾が光の筋となって鮮やかな閃光を放つ。照明弾によって小泊岬や竹田浜が明るく浮かび上がった。

片桐はすぐに村上大隊の本部に電話連絡を入れ、村上則重は急遽、四嶺山の戦闘指揮所に移ることにした。これも米軍来襲時の想定だった。片桐は約二百隻もの艦船や舟艇が竹田浜に接近し、敵の艦隊が小泊岬を迂回して黒い帯のように国端崎方向に向かってくるのを自分の目で確認した。

「敵輸送船らしきものを発見」「敵上陸用舟艇を発見」「敵上陸、兵力数千人」。国端崎からの急報が矢継ぎ早に大隊本部にもたらされた。村上は直ちに占守《しゅむしゅ》島内の千歳台にある七三旅団本部に電話連絡を入れた（『戦車第十一連隊史』戦車第十一連隊史編集委員会、一九七六年）。

当初、敵の国籍はわからず、旅団から知らせを受けた九一師団司令部は混乱した。だが、師団長の堤不夾貴《ふさき》は札幌の第五方面軍に至急連絡を入れる一方、「上陸し来る敵を撃滅せよ」と反撃を指示した。十八日午前二時十分だった。

後に上陸したのがソ連軍と判明し、緊急連絡を受けた札幌の第五方面軍司令官の樋口季一郎は、ソ連の意図を見抜いた。中国大陸で特務機関に所属していた樋口は陸軍きってのロシア通であり、ロシア語にも通じていた。

すでに八月九日からソ連軍は日ソ中立条約を破り、満洲に侵攻を始め、十一日には日本領の南樺太へも南下を開始していた。樺太の国境地帯の日本軍守備隊は、戦車を先頭に南下するソ連軍に反撃を試みたが、火力と兵力不足によって、じりじりと押されていた。ソ連軍は樺太西海岸の塔路や恵須取《えすとる》などの炭鉱地帯にも上陸し、一般邦人が銃弾の犠牲になり始めていた。

断乎、反撃に転じ、上陸軍を粉砕せよ

樋口は、ソ連軍が千島列島を占領した後、北海道まで攻め込むに違いないと察し、「この

戦闘を自衛行動、自衛のための戦闘と認めた」。そして、樋口は九一師団に対して「断乎、反撃に転じ、上陸軍を粉砕せよ」と命じた。昭和十九年に北千島を現地視察していた樋口は、九一師団の装備と陣容をよく承知していた。後に樋口は、当日の心境を『故樋口季一郎　遺稿集』（私家版、つきさっぷ郷土資料館蔵）にこう書き記した。

「『十八日』は戦闘行動停止の最終日であり、『戦争と平和』の交替の日であるべきであった。（略）然るに何事ぞ。十八日未明、強盗が私人の裏木戸を破って侵入すると同様の、武力的奇襲行動を開始したのであった。斯《かか》る『不法行動』は許さるべきでない。（略）私は当然それはソ連極東最高指揮官の意図に基ずく《ママ》ものと確信した。（略）その理由だが、ソ連としては『千島占領』をポツダム宣言に基ず《ママ》く日本投降によることなく、自軍交戦の結果としての実力占領なる既成事実を構成せんとしたものと、私は確信するのである」

第五方面軍司令官　樋口季一郎

最前線の指揮官、村上が竹田浜近くの本部から四嶺山の戦闘指揮所に移動を決めた直後、同旅団との電話連絡が突然途絶えた。砲撃によるものかソ連軍が切断したものかはわかっていない。

国端崎の速射砲部隊は野砲陣地とは別の洞窟陣地を造りつつあったが、まだ完成には至っていなかった。

砲兵の大賀親乙《ちかおと》もソ連軍の上陸などは夢にも思っていなかった。大賀の手記（「国端岬における師団速射砲隊の戦い」北千島慰霊の会編『会誌　戦斗小史〈二〉』一九七五年）によると、千島特有の霧に覆われていた十七日午後十時四十分、ロパトカ岬からの猛烈な砲撃が始まった。片桐の記憶と同じ時刻だ。大賀らも、座礁したソ連油槽船を狙ったいつもの砲撃訓練と考えていた。ただ、大賀は何となく嫌な予感がして、軍服のまま国端崎近くの兵舎でまどろんでいた。

日付が変わった十八日午前零時半ごろ、監視哨にいた中年の当番兵が兵舎に飛び込んできて、「大変や、敵が上陸して来たのに何してんのや」と関西弁で怒鳴った。

大賀らは真っ暗な兵舎で慌てて完全武装して、武器庫から速射砲を引き出して外へと出た。敵の砲撃が再び始まっており、その砲声は激しさを増した。大賀が夜空を見上げると曳光弾が青や赤の光の尾をひいて四嶺山の方向へ撃ちこまれていた。

大賀も有線電話で村上大隊の本部に連絡し、「自衛戦闘に移行すべし」との指示を受けた。早速、灯台下の速射砲陣地に砲を運び込んだ。夜空に打ち上げられた照明弾が辺りを照らす度に大賀らは身を伏せた。陣地は海岸線から三十メートルほど上にあり、大賀らは飛び交う銃弾と砲弾の下、懸命に速射砲を陣地の中へと収めた。次に大賀らは保管している砲弾を取りに走った。

約二時間のタイムラグの謎

訓練台にいた武蔵哲《たどる》は、「どこかはわからないが敵が上がった」と聞いてもソ連とは思わなかった。ソ連が中立条約を破って満洲や南樺太にすでに侵攻中であることを最前線では知らなかった。しかし、最前線からの報告で「敵兵の言葉からどうもソ連らしい」という知らせが次々にもたらされた。

村上は、四嶺山と国端崎の間にあった宿営地から、戦闘指揮所がある四嶺山へと全将兵とともに向かった。

総勢千人の村上大隊が竹田浜一帯に敷いていた配備は隙間だらけで、すでに戦時の警戒態勢も解いており、ソ連軍の突如の上陸を阻止することはできなかった。

ソ連軍の状況について、『戦史叢書　北東方面陸軍作戦（二）――千島・樺太・北海道の防衛』（防衛庁防衛研究所戦史室著、朝雲新聞社、一九七一年）は、ソ連の元海軍大佐ヴィクトル・N・バグローフの『南樺太および千島戦史』（ソ連国防省軍事図書出版所、一九五九年。邦訳は一等陸尉・近末義弘訳）から引用して、次のように記す。

「先遣隊主力はわずかな抵抗に遭遇しただけで一六五高地（四嶺山東側五〇〇米）と一七一高地（四嶺山）に到達したが、そのころようやく混乱から回復した日本軍が強力な砲、迫、機関銃の射撃を開始してきた」

武蔵は、ソ連軍の先遣隊は午前二時ごろに四嶺山山麓にまで到達していることから逆算して、ソ連軍の上陸開始は前日十七日午後十一時過ぎと推測する。国端崎などの監視哨が発見した上陸部隊は第二陣か第三陣だったのではないかとみる。ソ連軍の記録は武蔵の推論を裏付けている。

ひとつの謎は、同師団本部が「敵上陸」と国端崎などの村上大隊の危機的な状況を認知し、戦車第十一連隊に出撃を命じるまでに約二時間のタイムラグがある点だ。

要因は最前線の混乱のため確認に手間取ったためだろう。終戦を迎えて、師団の誰もがソ連軍の上陸などは想定もしておらず、十七日夜には国端崎などを除き、ほぼ全部隊が警戒を解いていた。甘味や酒などの配給も終戦気分を助長させ、将兵の緊張を解かせた。国端崎でも霧が立ち込める中で確認に時間が掛かったことも想像に難くない。さらに、これまでにソ連軍が再三、小泊岬沖の座礁したソ連油槽船に対する砲撃訓練を行っており、深夜の砲撃の報告を受けても、それが本格侵攻とは思えず、電話線が切断されたために正確な情報が入らずに最終的な判断が遅れた面もあろう。

竹田浜に轟き渡る炸裂音

国端崎陣地野砲小隊長の速応武男は冷静だった。野呂弘ら全隊員を集めて、北千島視察をした侍従武官から贈られた恩賜の葡萄酒を部下とともに飲み、自分が戦死した場合の戦闘指揮を誰が執るのか指図した上、射撃開始を命じた。洞窟陣地から野砲が引き出されて火を噴き始めた。砲撃開始は午前一時十分から二十分ごろだった（野呂弘著『北千島占守島国端崎の戦闘』〈私本〉）。

野砲とは歩兵と共同して戦闘するための機動性と、迅速な発射速度と射距離、破壊力を併せ持つ兵器だった。国端崎陣地に配置された野砲は口径七五ミリ、最大射程は一万三八〇〇メートル。このほか竹田浜周辺の竹田岬と小泊岬などの口径三七ミリの速射砲二門、大隊砲

（大隊歩兵砲）三門も砲撃を開始した。

日本軍の本格的な反撃が始まる前にソ連軍の先遣隊は上陸を終えて、四嶺山へと進撃していた。

国端崎と竹田浜を隔てて向かい合う小泊岬の速射砲小隊長の月舘健治の手記「小泊岬の戦斗」（前掲『会誌　戦斗小史〈二〉』）によると、突然の砲撃に「ソ連軍の襲撃だ」と直感した。ただちに月舘は、竹田浜に突き出した竹田岬陣地に関根分隊を、小泊岬の陣地に鹿島、小松両分隊を向かわせた。岬の先端に立った月舘は、暗闇の海上に漂う濃霧の切れ間に敵艦の姿をとらえた。敵艦は小泊岬に徐々に近づき、敵兵の声さえも聞こえてきた。

敵艦は小泊岬と竹田浜の間の湾に入り、機関砲で海岸線を掃射し始めた。これに合わせて鹿島分隊の速射砲が応戦を始めた。敵艦は目の前にいるので砲弾は命中しているのだが、速射砲の威力は小さく、致命的な打撃を与えることはできなかった。敵艦は後続の艦とともに再び竹田浜に近づき、上陸地点となる竹田浜に機関銃弾を集中的に浴びせ始めた。真正面に当たる竹田岬陣地の関根分隊の速射砲も応戦を始めた。濃霧が視界を遮っていたが、その成果はすぐに表れた。

国端崎陣地の野呂は陣地上の監視哨に立ち、着弾地点を確認していた。大賀らの速射砲もようやく砲撃に加わった。大賀も観測手として灯台横の見晴しの良い地点に立って、双眼鏡を手に眼下の浜を食い入るように見つめていた。

次々に放たれた野砲と速射砲の砲弾はソ連軍の大型舟艇に命中した。立ち上がる炎が周囲を照らす格好のたいまつとなった。竹田浜には日ソ両軍の砲弾の炸裂音が轟き渡り、舟艇が燃えながらそのまま砂浜に乗り上げた。上空は炎を映して真っ赤に染まり、オレンジ色の炎が陸揚げしつつある装備や群がるソ連兵の姿を浮かび上がらせた。

野呂はソ連軍の上陸部隊の様子を自分の目で確かめて電話で報告する一方、「右十センチ」「左へ十五センチ」などと、野砲の照準の修正を求めた。炎上する舟艇からは丈の長い外套を着たソ連兵が次々に海中に飛び込む様子が見えた。

連続で発射すると野砲の砲身は熱を帯びて、最悪ならばひび割れ、発射できなくなってしまう。それを防ぐため、砲兵たちは筵《むしろ》を掛けて井戸水で冷やし、砲口から潤滑油としてスピンドル油を注ぎ込んだ。水を掛けるたびに砲身からはジュッという短い音と湯気が立った。砲兵たちは野砲の状態に気を配りながら撃って、撃って、撃ちまくった。

本来は食料や嗜好品を配給する担当だった野呂は、十八日の戦闘の間、何を食べたのかまったく記憶がない。しかし、三、四本のタバコ「誉」を口にくわえてまとめて火を付けて、仲間で回しのんだことは覚えていた。

洞窟陣地は弾薬庫も備え、弾薬は数会戦分、潤沢に用意していた。十八日から十九日にかけて同陣地の唯一、たった一門の野砲がソ連軍に浴びせた砲弾は推定約千三百発に達し、ソ連軍にとっての最大の脅威となった。

日本軍の砲火を浴びて撃破された舟艇の数は撃沈五隻、擱座二隻に達した。舟艇は砲火から逃れようと、黒煙を上げて燃えさかる別の舟艇の陰に逃げ込んだ。舵に被弾して方向を定められず、ネズミ花火のように燃えながらぐるぐると円を描いて走り続ける舟もあった。前掲『戦史叢書　北東方面陸軍作戦（二）』の占守島戦闘の記録で、「ソ軍の頭上には多年鍛えぬかれた鉄槌が容赦なく下された」とあるが、この「鉄槌」とは国端崎陣地などからの猛射を指している。

ソ連軍上陸部隊員の証言

最初、ソ連軍は霧の中でどこから砲撃されているのかわからなかった。次第に小泊岬と竹田浜の火点の場所を突き止め、さらに国端崎の斜面に火点を見つけた。ソ連軍の駆逐艦一隻と海防艦二、三隻ほどが交互に竹田岬に接近して、国端崎や小泊岬、竹田岬の各陣地を攻撃しつつ、四嶺山方面へと向かう友軍歩兵のための援護射撃を行った。月舘は、集中砲火を浴びる竹田岬陣地の関根らを何とか収容しようとしたが、絶え間ない砲火の下では陣地に近づくこともできずに断念せざるを得なかった。

ソ連軍の艦砲射撃が国端崎陣地近くで炸裂し始めた。ソ連軍の小艦艇の砲撃は厚い岩盤をえぐって構築された洞窟陣地に何の痛痒も与えなかった。元々、陣地は米戦艦の大口径の主砲、大型爆弾の直撃にも耐えられるように構築されたものだった。速応らは唯一頼りの野砲を陣地内に引き入れて、砲撃を再開した。洞窟の陣地内には砲声が反響し、薄暗い陣地内は硝煙によって白くかすんだ。ソ連軍は国端崎陣地の砲撃を食い止めようと制圧を試みた。

幌筵《ぱらむしる》島セベロクリリスク（柏原）には、ソ連軍上陸部隊員だったユーリー・コルブトがいまも生きている。当時十八歳の一等水兵だった。

国端崎灯台への砲撃を合図に上陸作戦が始まり、コルブトらが輸送船から乗り移った上陸用舟艇は竹田浜を目指した。ところが、日本陣地から猛烈な砲撃を受けて、先を行く舟艇は次々に炎上した。まだ夜明け前だったが、紅蓮の炎が立ち上がり、その炎によって周囲の惨状がよく見えた。

黒煙が周囲に立ち込め、絶え間ない炸裂音によってコルブトたちは会話もできないほどだった。どれが敵でどれが味方の砲声なのか区別はつかなかった。ただ、自分が地獄の戦場に足を突っ込んでいることだけは確実だった。

ソ連側戦史（前掲『南樺太および千島戦史』）には、その苦戦ぶりが記録されている（石井幸夫著「終戦秘史　占守島の戦い」〈北千島慰霊の会編『会誌　戦斗小史　一、二集補遺集録その四』一九九六年〉で引用）。

「混乱から立ち直った日本軍は、上陸に着手したばかりのわが主力艦艇に向かって簡易火点や永久火点から猛射を始めた。特に国端崎や小泊崎の日本軍砲台は強烈であった。…衰えを知らぬ日本軍砲台の射撃は熾烈をきわめ、上陸軍には著しい損害が続出していた。上陸軍第一梯団はいきなりこの砲撃に遭遇したので、国端崎や小泊崎の日本軍砲台を破壊する任務を忘れ、猛火の射界から逃げ出すため、先遣隊のあとを追って島の内部へと進んで行った。指揮官や幕僚が乗っていた船が撃沈されたため、指揮連絡が途絶え、無秩序の状態になってしまっていたからである。…上陸軍の主要脅威は側防の砲台であったが、…これらは海上から撃破しようにも堅固な洞窟陣地で然《しか》も完全に横を向いているため手の施しようもなかった。…このように上陸部隊は、うまく奇襲を達成して緒戦を飾ったものの、じ後は終日、日本軍の熾烈な抵抗に呻吟していた」

ソ連軍は基本的に大陸の軍隊であり、本格的な上陸作戦を行った実績はほとんどなく、使用した上陸用舟艇の多くは米軍から供与されたものだった。ソ連軍はわずか一日で占守島も占領する計画で、日本軍の反撃が事実上ない、もしくはわずかであるとみていたのである。満洲における予想以上の関東軍の抵抗の弱さ、極めて順調に進んだ満洲占領作戦の成功がその判断の根拠となっていたとみられる。

しかし、占守島の日本軍は対米戦を念頭にした精鋭部隊で、装備や弾薬や燃料、訓練も行き届き、虎の子の戦車部隊も配備されていた。米軍のような上陸作戦前の猛烈な爆撃も艦砲射撃も事実上なく、ソ連軍は不慣れな上陸作戦を強行した。しかも、日本軍の砲兵隊が訓練を重ねて照準を定めていた浜へ。当初から無謀、無策、自殺行為ともいえる作戦だった。ソ連軍の予想に反して、日本軍の反撃は激しいものだった。

上陸部隊のコルブトの証言は続く。

日本軍の砲火は非常に正確で、次々に舟艇が燃え上がる様子に、コルブトが乗り込んでいた舟艇の艇長は動揺して、まだ波打ち際までたどり着いていないのに、コルブトらに「海に飛び込め。行け、行け」と命じた。水深はまだ三メートル近くもあった。艇長の声にせかされるように兵士たちは弾薬や小銃、食料など三十キロ近い装備を背負ったまま冷たい海に飛び込み、そのまま、まるで石のように沈み、多くが溺死した。浜にたどり着いた兵士たちも小銃や弾薬を海中に捨てて、丸腰の兵士も珍しくなかった。潜水作業員をしていたコルブトは一度、海底にまで沈んだが、何とか泳ぎ切り、波打ち際までたどり着いた。

その砂浜には累々とソ連兵の遺体が横たわっていた。この竹田浜でコルブトの水泳仲間で親友のスチーニン、パブロフ、グリーシンら数多くの友人が死んだ。

占守島におけるソ連軍の死傷者は三千人を下らないとされる。もっとも多くの死者を出した場所が竹田浜だった。

上陸部隊が持ち込んだ無線機五基のうち、四基は海水に浸かって使用不能となり、残ったのはわずか一基だけだった。通信の途絶はソ連軍の混乱に拍車を掛けた。日本軍の砲火をかいくぐって何とか上陸した部隊は、指揮系統が寸断された中、日本軍陣地の砲火から逃れるように内陸部へと進んだ。

竹田浜で銃殺された日本兵たち

占守海峡に突き出した国端崎はソ連軍に包囲されつつあった。午前三時、占守島の夜明けが近づき、国端崎陣地からは時折、霧の向こうの小泊岬が遠望できた。

上陸してきたソ連軍に向けて発砲を続けていた小泊岬の速射砲が沈黙した。十数人の砲兵が配置されていた同岬はまるでろうそくのように太平洋に突き出した岬で、岬までの稜線は馬の背のように細かった。速射砲陣地を撤収して、その上を歩いていた日本兵が銃弾を浴びて崖から次々に転落していく。近くても助けに行くこともできない。守備隊長の片桐は前掲手記の中で腸《はらわた》が煮えくり返るような怒りを覚えたと記す。

竹田浜の国端崎陣地と竹田岬陣地間の竹田浜に二百人ほどのソ連兵が集結しているのが見えた。同陣地守備隊には臼砲分隊がおり、国端崎よりやや西側の豊城川近くに布陣していた。同隊から片桐へ陣地に撤退したいとの連絡があったが、片桐は認めず、竹田浜のソ連兵に臼砲を発射した後、砲を埋めて国端崎守備隊に合流するように伝令に指示した。午前三時、臼砲は発射され、砲弾は大きな放物線を描いて目標地点近くに着弾して大爆発し、ソ連兵が四散した。臼砲分隊は国端崎守備隊に合流する途中、陣地から約百メートル地点までソ連軍が迫っているのを目撃した。

同陣地には敵機の襲来を監視するための航空情報班十一人もいたが、本部から本隊に復帰せよとの命令を受け、班長の軍曹が片桐に本隊復帰を申し出てきた。片桐は「ソ連軍が陣地に迫り、上空にも敵機が飛来している状況では無事に本隊に戻れるとは思えない。同じ死ぬならばここで戦って、一人でも多くの敵兵を倒して死のうではないか」と再三にわたり説得したが、聞き入れなかった。片桐はあきらめざるを得なかった。同情報班は竹田浜とは岬を挟んでオホーツク海側の豊城浜に沿って本隊を目指して陣地を離れた。

島は早くも朝を迎えた。午前四時ごろ、国端崎の崖の中腹で砲撃を繰り返していた大賀らの速射砲が発射不能となった。大賀らは速射砲の撃鉄と照準鏡を取り外したうえ、手榴弾を砲の先から落として砲を完全に破壊した後、陣地内へと撤収してきた。片桐は、先に陣地へと退いた臼砲分隊と大賀ら速射砲分隊の兵員を竹田岬側の対戦車壕に配置した。

一人の日本兵が命からがらといった様子で陣地にたどり着いた。それはわずか二時間前に本隊に戻ると陣地を後にした航空情報班の上等兵だった。丸腰で四嶺山山麓の大隊本部を目指した十一人は途中で案の定ソ連軍に捕まり、竹田浜に連行されて銃殺された。その上等兵は隙を見て逃げ出して国端崎陣地に帰り着いた。片桐は、あの時に何としても引き留めておくべきだったと後悔した。

「野口の恰好をみろよ。差をつけやがったなァ」

大賀は竹田浜の沖合に、駆逐艦二隻と約六千トン級の輸送船四隻、無数の舟艇を確認し

一式戦闘機「隼」。写真は幌筵島北の台飛行場の陸軍飛行第54戦隊所属機(陸上自衛隊丘珠駐屯地「北翔館」)

た。友軍の艦上攻撃機が敵の上陸部隊を攻撃している様子が見えた。片岡飛行場を飛び立った海軍北東航空隊の九七式艦上攻撃機だった。

終戦時、占守島片岡の海軍片岡飛行場には九七艦攻四機と、幌筵海峡対岸の幌筵島北の台飛行場から前年の昭和十九年十月に移ってきた陸軍の隼四機しか残っていなかった。九七艦攻は真珠湾攻撃など太平洋戦争開戦時から活躍した魚雷攻撃や水平爆撃も可能な名機だったが、すでに時代遅れとなっていた。同基地には最新鋭の雷撃機天山も一時配備されていたが、すでに南方戦線に引き抜かれ、九七艦攻だけが残されていた。陸軍の隼も主力はすでに北海道防衛

97式艦上攻撃機

のために札幌の丘珠飛行場に戻り、こちらも四機だけとなっていた。マレー半島上陸作戦など太平洋戦争緒戦から華々しく活躍した隼も、米軍の最新鋭戦闘機には太刀打ちできなかった。

片岡基地に通信隊や師団司令部から緊急連絡が入ったのは十八日未明だった。

「ソ連軍、占守島の北側、国端崎付近から上陸開始。十八日午前二時」。前夜まで終戦の知らせに打ちひしがれていた基地は一気に活気を取り戻した。陸海軍の搭乗員はそれぞれの指揮所に集合し、大型格納庫や掩体壕から九七艦攻が引き出され、整備と爆弾の装着があわただしくされた。

事情は陸軍の部隊でも同じだった。前夜に

は終戦の残念会ともいえる宴会が開かれて、部隊員らは飛行場近くの兵舎で眠り込んでいた。第五四戦隊副官の岩瀬秋《しげし》少尉らも「ソ連軍が上陸」の緊急連絡に搭乗員らとともに片岡基地に駆けつけた。南北に走る二本のコンクリート舗装の滑走路をはさんで隼と九七艦攻はエンジンを始動させた。岩瀬が夜空を見上げると、国端崎の方角からは盛んな砲声が轟き、夜空には赤い閃光が走っていた。東の空が白み、夜が明け始めた（岩瀬秋特別インタビュー「『橋頭堡をぶっつぶせ！』隼三機の反復攻撃を見守って」〈前掲『歴史街道』掲載〉）。

元北東航空隊の喜多和平の手記「北千島における海軍北東航空隊の戦闘」（前掲『会誌　戦斗小史〈二〉』）には、詳しく当日の状況が記されている。

先発が決まった海軍の艦攻二機は、一機が操縦士野口行孝上飛曹、偵察員高橋喜一郎飛曹長、通信員永野甫上飛曹と、もう一機が岸本盛雄上飛曹、田上甲子生上飛曹、二戸忠二上飛曹のペアだった。野口機には両翼に六番（六十キロ爆弾）二発を、岸本機は二十五番（二百五十キロ爆弾）一発を胴体の下に装着した。魚雷はすでに本土へ戻してしまっていた。

不意に荒谷富夫上飛曹が素頓狂な声を上げた。

「うわーッ、野口の恰好をみろよ。差をつけやがったなァ」。残る搭乗員らが指揮所から飛び出すと、野口は額に日の丸の鉢巻きを締めて、純白の絹の白いマフラーで口まで覆い、まるで特攻隊員といったいでたちだった。機上の通信員永野もこぶしを振り上げ、殴る様を見せてその意気込みを基地全員に示した。野口、岸本両機は無風の片岡基地の滑走路から爆音を響かせて相次いで離陸していった。

離陸して高度を取る間もなく、両機はオホーツク海へと出た。二機は別行動をとった。野口機は右に旋回して、占守海峡で揚陸中の輸送船に向けて高度百メートルの低空で突進した。潜水艦攻撃の要領で、六十キロ爆弾を放ち、船腹のど真ん中に命中させた。一度高度を取ってから次の輸送船に向けてもう一発を叩きつけた。周辺の艦艇からは対空砲火が浴びせられたが、旋回してかわして戦場を離脱した。

岸本機も一度、占守海峡へと出たものの、霧のために敵艦を捕捉できなかった。このため、岸本機は霧と海の隙間を縫うように水面ぎりぎりの高度十五メートルで這うように飛んだ。翼の下には、オホーツク海と太平洋から流れ込む潮がぶつかり合い、潮目がくっきりと見えた。

突然、左手に黒い船腹が見えた。岸本は周辺にはかなりの数のソ連艦艇が潜んでいると想像した。魚雷ならば最適の高度だが、残念ながら二百五十キロ爆弾、それも一発しかない。一方で高度を上げれば乳白色の霧のベールの中に入ってしまう。岸本はひらめいた。ここは反跳爆撃しかない。水面ぎりぎりに平らな石を投げると、水面を跳ねながら飛ぶが、爆弾も同じように水中に沈まずに進む。反跳爆撃とはこの原理を利用したものだった。

岸本機は反対側に急旋回して、エンジンをオーバーブースト（荷重運転）させて出力を上げた。再び、先ほど見た艦影を霧の中に見つけた。距離八百、六百……。ぐんぐんと目標が迫る。真正面に艦橋をとらえた。岸本はタイミングを合わせて、「てぇっ」と二百五十キロ爆弾を投下し、同時に操縦桿を引き上げた。爆弾が放たれた反動もあり機体はぐんと浮き上がった。岸本は操縦桿を右に倒して、艦尾をやりすぎた。確実に命中するとの確信があった。背後で爆発音がとどろいた。岸本は戦果を確かめたいという欲求にかられたが、この霧では難しかった。岸本機は片岡基地へ帰投した。

陸軍の隼も出撃準備を終えた。隼は軽戦闘機のため、両翼に対戦車用の小型爆弾（タ弾）を抱き、投弾後は機首の一二・七ミリ機銃二丁で上陸部隊を掃射することが任務だった。午前五時ごろ、霧が薄らぐのを待って、搭乗員の池野惣一准尉、入江忍軍曹、森永伸軍曹はそれぞれの愛機に乗り込んだ。副官の岩瀬は「敵の橋頭堡をぶっつぶせ」と三人に命じた。

三機は次々に離陸し、竹田浜へと機首を向けた。隼にとってはまさにひと飛びだった。三機は竹田浜に上陸中のソ連軍部隊に爆弾を投下した後、低空に舞い降りて機銃掃射を見舞った。ソ連軍艦艇の対空砲や機関銃が火を噴き、各機とも機体に被弾したものの致命傷には至らなかった。まもなく池野ら三機は片岡基地へと戻ってきた。整備員が応急処置をして、弾薬と爆弾を再び補給した三機は再び離陸していった（前掲岩瀬インタビュー）。

「敵艦一隻を撃沈。他の一隻に突っこみ自爆」

片岡基地では海軍の九七艦攻の残る二機が満を持していた。午前九時、オホーツク海に面する今井崎見張所から電話連絡が入った。「敵駆逐艦三隻、片岡湾方面へ向かって航行中」。今井崎と片岡基地は直線でわずか五キロしか離れていない。海上からこの片岡基地を艦砲射撃するために向かって来ているに違いなかった。

喜多和平大尉が操縦桿を握る機と、荒谷上飛曹ら三人の二機は、その駆逐艦に先手を打つべくして、上空へと舞い上がった。喜多機が船団攻撃を、荒谷機が駆逐艦攻撃と役割を分担した。二機は今井崎を右手に見ながら高度を上げた。喜多は、日ごろ飛び慣れた占守海峡の上空千メートルで霧の下に潜んでいるはずのソ連軍船団への爆撃針路に入り、ゆるやかに高度を下げた時、霧の切れ間に軽巡洋艦一隻を発見した。

喜多は「これが旗艦に違いない」と確信し、急旋回して機首を軽巡に向けた。照準を煙突に合わせる。敵艦の艦上の機銃が一斉に火を噴いた。機が進む軸線を敵艦の針路にぴたりと合わせ、高度は五百メートルに落とした。敵艦の艦橋が目前に迫って来た。喜多は両翼の爆弾を一斉に投下し、離脱した。敵艦は霧の下に隠れ、戦果は確認できなかった。

喜多機は爆弾を補給するために片岡基地へと向かった。途中、海軍の水上機の基地がある別飛沖で幌筵海峡に向かって白波をけたてて進むソ連の海防艦を発見した。だが、すべての爆弾は投下しており攻撃手段はない。ここで喜多は魚雷攻撃を擬装するアイデアを思い付いた。海面ぎりぎりまで機を下げて、敵艦目がけて突進した。海防艦はその策略にまんまと掛り、慌てて針路を変えて沖合の霧の中へと逃げ込んでいった。同時に喜多は海上におびただしい浮遊物を発見した。不思議に思いつつ、片岡基地に着陸した。荒谷機は出撃から一時間をすぎても戻ってこなかった。

帰投した隼の搭乗員が海軍の指揮所に駆け込んできた。「海軍機一機が火を発して急降下するのを、たしかに見ました」。喜多は荒谷機かもしれないと思った。間もなく、今井崎砲台から電話連絡が入った。

「艦攻一機が敵艦一隻を撃沈。同時に被弾して火を噴き、他の一隻に突っこみ自爆。敵艦二隻は瞬時に沈没した」

喜多は先ほど見た浮遊物はこの敵艦のものと気づいた。離陸直後に見た三隻の海防艦のうち、二隻を荒谷機が沈め、残る一隻と先ほど遭遇したと考えるのが自然だった。

喜多は、敗戦に打ちひしがれ、そして「ソ連軍上陸」の急報に「今日こそは」と勇んでいた荒谷、山中悦猶、樋口栄助の上飛曹三人を思った。同時に「そこまでやらずともよかったのだ。もう戦争は終ってるんだ。基地は近い。炎上機でも不時着してほしかった」と苦い思いをかみしめた（喜多手記）。

日本側の記録では戦果はソ連軍艦艇の撃沈五、同撃破二となっている（ソ連側戦史では損害認めず）。これが日本海軍航空部隊として最後の艦隊攻撃となった。

榴散弾零距離射撃と斬り込み突撃

陸海軍の残存航空部隊がソ連船団を攻撃しているころ、国端崎ではようやく霧が薄らぎ、周囲の状況がよく見え始めた。片桐の双眼鏡は竹田浜や四嶺山の山麓、豊城川など至る所で動くソ連兵の姿をとらえた。国端崎から約一キロ離れたオホーツク海岸の岩礁の三岩近くにもソ連軍艦艇が浮かび、国端崎は完全にソ連軍に包囲されていることがはっきりとした。さらに同陣地の前方約二百メートル付近の対戦車壕一帯にもソ連兵が集まっていた。国端崎陣地攻略の部隊に間違いなかった。

片桐は野砲の榴散弾零距離射撃に地理的にも距離的にも絶好と判断した。榴散弾零距離射撃とは、砲弾の信管を調整して発射直後に炸裂させるようにセットして、至近距離の敵兵を殺傷するものである。

片桐と速応は相談して、野砲の砲撃と機関銃、手榴弾を遠くに投じる擲弾筒の援護射撃のもとに、迫るソ連兵に斬り込みを行うことを決めた。十四人の斬り込み隊が選ばれ、突入を開始する地点にまで到着するのを待ち、洞窟から野砲を引き出して、その第一弾を合図に軽機関銃や擲弾筒で集中攻撃を行い、ソ連兵がひるむのに乗じて、軍刀を手にした斬り込み隊がソ連兵目がけて突入して、一気に蹴散らした。

片桐は計六回の斬り込みを行ったが、幸い一人の戦死者も出なかった。突撃の際にソ連軍の別動隊が海岸線から陣地下の岩礁伝いに進み、崖を登って国端崎灯台周辺をすでに占拠していることが判明した。片桐は、頼みの野砲を洞窟内に戻した。このたった一門の野砲は、守備隊にとって自らを守る盾であり、同時に迫る敵を討ち払う鉾でもあった。この野砲が咆哮を止めるとき、ソ連軍が陣地へとなだれ込み、守備隊全員が殺戮されることは明らかだった。

国端崎陣地をめぐる戦況は、陣地の前面に掘りめぐらされた壕の攻防戦へと移り、膠着状態となった。片桐は陣地をいつまで守り切れるか、まったく自信がなかった（片桐手記）。

戦車第十一連隊、池田連隊長の出陣

戦車第十一連隊の池田末男連隊長が師団本部から「国端方面に急進し、敵を撃滅せよ」との出動命令を受けたのは同日午前二時半だった。だが、一部の戦車は、武装解除の指示を受けて砲やバッテリーなどをすでに取り外し、燃料も入っておらず、整備に手間取った。暖機運転も必要だった（『戦車第十一連隊史』）。

池田は沈痛な表情を浮かべ、「本朝〇二一〇（午前二時十分）ソ軍約二コ大隊が国端岬付近に上陸、第一線守備隊はこれと交戦中なり。捷《しょう》部隊は主力をもってこれを攻撃、敵を水際に撃滅せんとす」「各戦隊は配属の戦車中隊の全部及び歩兵一コ中隊を予の直接指揮に入らしむべし」と命じる一方、「戦車第四中隊は国端岬付近の敵情を捜索し、〇五〇〇（午前五時）天神山に於て予に報告すべし」と、軽戦車の第四中隊長の伊藤力男に指示した。戦闘準備が整った各中隊の集結地点は天神山とした。

さらに池田は戦車連隊本部に対しても、整備中隊を大観台に進出させ、待機させることや、救護班の準備も矢継ぎ早に命じ、残留隊長として高石長四郎大尉を指名し、本部の機密書類の焼却と、仮に敵が島西部の長崎などに上陸した場合は残留隊をもって攻撃し、仮に上陸がない場合は、現在地に留まり、連隊の最期を見届け、状況により戦場整理を受け持つように指示した。

連隊本部の連隊長室に各将校が集まった。池田はまず指揮班長の丹生《にう》勝丈《かつたけ》少佐の盃に酒を注ぎ、手を固く握ってにっこりとほほ笑んだ。続いて列席する将校全員に酌をして回り、互いの武運を祈った。池田は日の丸の鉢巻きを締め、片手に軍刀を持って席を立ち、丹生を顧みて「さあ行こう」と言った。池田は部屋を出る際にふと立ち止まり、残る高石に顔を向けて「戦場の経験者だから後始末を頼んだぞ」と、手を差し伸べて高石の手を固く握った。

丹生勝丈少佐

高石は「その時の連隊長には何の気負いも感ぜられず、むしろ悟り切った静かな心境のようであった。その手のぬくもりと慈愛に充ちた眼差は、今もなお瞼に焼きついている。武将の出陣とはこういうものか、それは一幅の絵を見るような美しさであった」（『戦車第十一連隊史』）と回想する。

ようやく午前四時に出動準備を終えた池田連隊長は、丹生指揮班長とともに同じ戦車に乗り込み、指揮官旗を打ち振り、「前進」と命じ、各戦車とともに天神山を目指した。

小田英孝は、当日の秘話を明かす。本来、連隊長車と指揮班長車は別の戦車だが、この日、連隊長車のエンジンが掛からず、池田は仕方なく、丹生指揮班長車に同乗したというのだ。終戦によって、武装を外されて海中投棄されるはずだった戦車が整備不足だったことは容易に想像がつく。連隊長車の整備について責任がある操縦手は、その責任を感じて当日の戦闘中、四嶺山の塹壕の中において拳銃で自決したという。

軽戦車による偵察

「敵襲」「非常呼集」――。

小田らが所属する戦車第十一連隊の第四中隊の三角兵舎に突然、怒号が飛び交ったのは十八日午前二時半ごろだった。

敵がどの国かは当初はわからなかった。偵察を命じられた小田らは、すでに暖機運転済み

四嶺山から竹田浜を望む

の軽戦車に飛び乗り、中隊長の伊藤らと三両で国端崎を目指した。小田らがいた第四中隊の大和橋からは島中央部を南北に貫く占守街道を約十五キロ北へと向かうと同岬だった。全速で走れば三十分程度だった。

小田の戦車は、車長の宮沢藤四郎曹長、操縦手の金谷普雄軍曹が乗り込んでいた。金谷も豆タンで小田の二期先輩だった。小田は口径七・七ミリの車載機関銃を担当した。島は夜明けを迎えようとしていた。岬に近づくと激しい砲声がとどろき、竹田浜の方角から砲煙が上がっているのがわかった。

「米軍ならば猛烈な艦砲射撃と空襲後に上陸するはず。まして夜中にこっそりと。これはロスケ（ソ連）じゃないか」と小田は想像した。

道は四嶺山の南側から回り込んで国端崎へと向かう。そのもっとも低い場所には豊城川が流れ、木製の「匂い橋」が架けられていた。橋を越えれば国端崎まであと約五キロの距離だった。先頭を進んでいた伊藤の戦車が橋を越えた地点で急停止し、伊藤が砲塔の上に身を乗り出して手をぐるぐると回した。「回転」の合図だった。「回れ、回れ」と伊藤は叫んでいた。中隊長車の奥に黒っぽい軍服を着た敵兵が迫撃砲の準備をしている様子が見えた。敵兵の服装から、小田は「米兵ではなく、ソ連兵に間違いない」と直感した。

伊藤は二人の車長を連れて四嶺山の山頂に登り、竹田浜方向に双眼鏡を向けた。霧が流れて視界が効いた。伊藤はソ連軍の上陸を確信した。

山麓の道の傍らには、十五、六人の日本の歩兵が座り込んでいた。竹田浜周辺から撤退してきた兵士たちだった。その一人が小田に向かって「伍長殿、拳銃を貸してください」と懇願した。訳を聞くと、小銃を置いて逃げてきたので自決するという。旧日本軍で天皇から下賜された小銃を失うことはそれほど重大な意味をもっていた。小田は車内に鴨撃ち用として装備していた小銃一丁を手に取り、「死ぬのはやめて、これで戦え」と言い、手渡した。

池田連隊長に報告するため、伊藤ら偵察隊は大和橋近くにある第四中隊の兵舎まで戻った。伊藤は本部への報告に走り、小田はまずは水筒にお湯を入れた。

兵糧庫前ではその扉を開けるか否かで大激論となっていた。炊事班長は「中隊長の命令がなければ開けられない」と拒んだ。偵察隊のもう一両の車長、板垣与重郎曹長は「何を言っておるのか。いま、その中隊長は何をされているのかわかっているのか」と怒鳴りつけた。

「でも、命令がなければ開けられません」

「これから戦争をやろうというのに何を。もし、おまえがそれでも開けないというならば撃ち殺す」

板垣は拳銃の銃口を炊事班長に向けた。そのあまりの剣幕に炊事班長はようやく鍵を開けた。板垣曹長は「各車、積めるだけ持って行け」と怒鳴った。

甘いもの好きの小田は、この絶好の機会に菓子を持っていこうと心に決めた。五十本入りの羊羹の小箱、小樽名物のきびだんご一箱、飴とキャラメル一ケース、みかん缶詰十缶、乾パン五缶を自分の戦車に次々に運び込み、足元に置いた。小田は当面の腹ごしらえはこれで十分と思った。

池田連隊はこれより敵中に突入せんとす

午前五時に池田連隊長らは島中央部の天神山に到着した。前線から戻ってきた伊藤の偵察部隊と合流した。

池田に対して伊藤は「敵はソ連軍で、すでにその第一線は四嶺山に進出し、逐次兵力を増強中、兵力は迫撃砲を有する約一個中隊を下らず」と報告した。天神山には第一、第四、第六中隊のほか、天神山に兵舎があり、当地で待機していた第三中隊も集結した。九七式中戦車、九五式軽戦車の計二十五両ほどで連隊の全戦車の四割ほどだった。全戦車の準備はすぐには整わなかった。

連隊の主力は集まったが、歩兵や工兵は到着していなかった。だが、師団本部からは「村上大隊が危機にある」との無線が入っていた。村上大隊の全滅と重要拠点の四嶺山がソ連軍の手に落ちるのは時間の問題だった。戦車隊は歩兵部隊との共同作戦を前提にしていたが、歩兵の合流を待てば貴重な時間がなくなる。ソ連軍も態勢を強固にするに違いなかった。

池田は反撃を決断した。

池田は「連隊はこれより全軍を挙げて敵を水際に撃滅せんとす。各中隊長は部下の集結を待つことなく、御勅諭を奉唱しつつ予に続行すべし」と命じ、午前五時半に天神山から前進した。四嶺山手前の沓形台《くつがただい》まで到着したとき、伊藤ら偵察隊がソ連軍の姿を確認した匂い橋はすぐ先だった。

すでに夜は明けていたが、この日も濃い海霧が視界を遮り、その奥から砲声が響いていた。池田は先頭の戦車の砲塔に丹生指揮班長とともに跨乗し、指揮を執った。

匂い橋近くで四嶺山方向からの一斉射撃を受けた。池田は、第四中隊を匂い橋北側の台地に向かわせ、後続の車両の援護を指示した。

他の主力部隊を四嶺山の南山麓に横一列に展開させた。ソ連軍は、戦車にとって脅威となる対戦車砲や対戦車ライフルをこの時はまだ用意しておらず、迫撃砲だけで兵力も多くはないと池田は判断した。最も重要な情報は、日本軍戦車を圧倒するソ連軍戦車の姿が見えなかったことだった。

海風に漂う千島特有の濃霧が再び辺りを隠した。視界は二十メートル以下という状況になった。攻撃開始か、天候の回復と後続する歩兵部隊を待つか。池田はこの霧を逆に利用して一気にソ連軍を蹂躙することを決断した。

「池田連隊は四嶺山の麓にあり、士気旺盛なり。〇六五〇、池田連隊はこれより敵中に突入せんとす。祖国の弥栄《いやさか》を祈る」

池田は堤師団長と杉野巌旅団長宛に無線で報告し、攻撃開始を命じた。

池田の手にあった日章旗が前方に振り降ろされた。

横一線に広がった各戦車は、四嶺山の斜面を軽快なエンジン音を響かせて駆け上がった。小田らの第四中隊も、匂い橋北側の台地から女体山に連なる男体山東側へと進撃した。


「どこでもいいから撃て。乱射せい」


小田は戦車前方の車載機関銃を握っていた。だが、周囲は低木のハンノキやハイマツが茂り、小さな覗き窓から前を確認しようとしたが、木々の枝が視界を遮り、何も見えなかった。併走しているはずの第四中隊の他の戦車の位置もまったくわからなかった。

九七式車載重機関銃は二十発入り箱弾倉（カートリッジ）を使用する。撃発機構は単、連発を手加減で行う引金式を採用し、引き金を引きっぱなしにすると連射が可能だった。ところが、一回に発射する弾数を多くすると、照準線が乱れて次第に弾は狙いを大きくずれるという欠点があった。連続発射の限度は約三百発とされ、それ以上の連続発射は銃身が過熱して焼けつく危険性もあった。このため、銃手は引き金を一度絞っては離し、一度に三～五発ずつ発射する「点射」を心がけた。

伊藤は「弾薬は豊富にある。万一、戦闘になったら弾薬のことは遠慮せずに撃ちまくれ」と常に訓示していた。機関銃弾のカートリッジ七十五個は機銃の近くに並んで差し込まれ、床下に置かれたものも含めて、機銃弾の総数は約四千発にも達した。

小田にとっては初の実戦だったが、不安は感じなかった。戦車帽をしっかりとかぶった。戦車第十一連隊にとって初めての本格的な戦闘が、当初の「仮想敵国」のソ連軍と満洲の平原ではなく、この北千島で相対することになったのも運命のいたずらと言えた。

小田からはハンノキが遮って前が何も見えなかったが、一段高い砲塔にいた車長兼砲手の宮沢は周囲が良く見えた。軽戦車の車長には座席はなく、立ったまま指揮を執り、肩から上を砲塔のハッチから出して周囲をうかがい、操縦手の金谷に向かう方向を指示した。言葉だけでは騒音で聞き取れないため、右に旋回する場合は操縦手の右肩を足先で蹴り、左旋回は左肩を蹴った。急停止は後頭部を小突くのが合図だった。現在の戦車のような防音対策などもなく、小さな戦車内の三分の二はエンジンが占拠していた。

操縦手の左右には、現在の自動車のサイドブレーキのようなレバーがあり、「操向制動連動機」と呼ばれ、レバーはクラッチとブレーキに連結されていた。手前に半分だけ引くと半クラッチ状態となり、さらに引くとブレーキが掛る。左右それぞれが、左と右のキャタピラを制御しており、例えば右のレバーだけをいっぱいに引くと、左側のキャタピラだけが駆動するため、戦車は右旋回した。

軽戦車は通常の道を走るだけならば、操縦は難しくなかったが、戦闘中の操縦は高度の技術を要した。敵の砲弾を回避しながら、自車から発射する砲弾の命中率を高めるために安定走行をしなければならないからだ。

宮沢は中隊を代表する射撃の名手だった。三七ミリ砲を肩に担ぎ、体を動かして砲に備え付けられた照準用の眼鏡を覗き込み、真ん中の十字に照準を合わせ、引き金を絞り、次々に砲弾を放った。「スターン」というかすかな音が砲塔内に響いた。

「小田。なにやっている。撃て、撃て」

「敵が見えません」

宮沢は怒鳴った。

「見えなくてもいい。前は全部敵だらけだ。撃て。どこでもいいから撃て。乱射せい」

その声に応えて、小田は車載銃を右から左へ、左から右へと振り向けながら機銃弾を放った。

「当たっている。当たっている。そのまま撃て、撃て」

宮沢の絶叫が聞こえた。

キャタピラによってずたずたに折られた枝が吹き飛び、戦車に踏みつぶされたソ連兵の体がちぎれて飛んだ。狭い軽戦車内は砲煙と機銃の白い硝煙が充満して、小田は喉がひりひりし、目も痛かった。足元には砲弾と機銃弾の空薬莢がバラバラとはねて転がった。

ソ連軍の小銃弾が戦車の装甲を削り、火花とともに細かな鉄粉が飛び散った。それが小窓から飛び込んで硝煙の煙と入り混じって目に入り、痛くて、小田は何度も目をしばたたかせた。

小田は「戦争とはこんなに息苦しいものなのか」と思った。

火を噴く一五サンチカノン砲

砲弾は、着弾時に炸裂して鉄片を四散させる歩兵攻撃用の榴弾と、対戦車用の徹甲弾との二種類を装備していた。砲弾は砲塔部の内側の砲弾収納スペースに一発ずつ格納され、榴弾が九十発、徹甲弾二十発だった。これらは、ばね仕掛けで砲弾の尻を押すと砲弾が飛び出す。各砲弾は通常、安全ピンによって暴発を防ぎ、戦闘直前に安全ピンを抜くことになって

四嶺山の山腹に残る15サンチカノン砲

いた。
徹甲弾は地面に突き刺さって爆発しないいため、宮沢は榴弾を選んだ。
戦車隊の猛攻にソ連軍は四嶺山からじりじりと後退した。突然の戦車の来襲にソ連軍は動揺を隠せなかった。この第一次攻撃は約四十分間にわたって続いた。各戦車は四嶺山の山麓に戻ってきた。
その時、小田は雷が落ちたような豪音を耳にした。同時に地面が大きく揺れ、戦車が一瞬、地面から浮き上がったような気がした。四嶺山の山麓に設置されていた日本軍最新鋭の九六式一五サンチカノン砲の砲声だった。砲弾はロパトカ岬のソ連軍陣地に向けて発射された。

同砲の砲身は口径一四九ミリ、全長七メートル八六センチ、重量六・七八一トンあり、九三式尖鋭弾、九五式破甲榴弾、九六式尖鋭弾を発射し、最大射程は二六・二キロにおよんだ。大阪造兵廠第一製造所が昭和十七年十月に調査した完成数は計三十一門で、神奈川県三浦半島観音崎の東京湾要塞花立新砲台や、津軽海峡を守る津軽要塞汐首岬第二砲台、樺太南端の宗谷要塞西能登呂砲台など、国内や朝鮮半島、樺太の重要な港湾や主要海峡に置かれた。

対米戦を念頭に占守島と幌筵島にも、朝鮮半島の羅津重砲兵連隊から抽出して、両島に昭和十九年夏に計四門が配備された。この最新兵器が置かれたことだけを見ても大本営が北千島の防衛をいかに重視していたかがわかる。

一五サンチカノン砲は、狙いをロパトカ岬のソ連軍陣地に定め、担当の砲兵らは距離や所定の仰角、方位角などの数値諸元を割り出していたが、終戦時に秘密書類とともにすべて焼却していた。だがその数値を描き込んだメモが残っていた。

砲兵たちは訓練通り、カノン砲を整備し、砲身を高く上げて、砲弾を発射した。その砲弾は、三発目がソ連軍の弾薬庫に命中、ロパトカ岬の砲声はやんだ。小田はソ連軍陣地から黒い煙が上がるのを見た。

一五サンチカノン砲に続いて、一〇サンチカノン砲も火を噴き始めた。高射砲は水平射撃でソ連兵をなぎ倒した。小田は「これは勝ったな」と思った。

「白虎隊たらんとするものは手を上げよ」

一次攻撃を終えて、戻ってきた池田の連隊長車には丹生少佐の遺体がロープで結ばれていた。池田は「丹生は先に逝ったよ」とぽつりと言った。この第一次攻撃で、丹生少佐以下三人の死者と三十名の負傷者、二両の軽戦車が戦闘能力を失った。

小田らが出撃地点まで戻ってみると、同じ中隊の一両の軽戦車が攻撃に加わらず、現地にとどまっていた。伊藤が「何をしていたのだ」と叱責すると、操縦手は「車長がいないので待っていました」と釈明した。戦争はすでに終わったはずで、攻撃参加を躊躇した者がいたとしても不思議ではなかった。

午前七時半。準備が遅れていた他の中隊も次々に集結し、その数は三十両近くに増えた。同連隊の主力がほぼ集まった。

池田は各中隊長や車長を集めて問うた。

「われわれは大詔を奉じ家郷に帰る日を胸にひたすら終戦業務に努めてきた。しかし、ことここに到った。もはや降魔《ごうま》の剣を振るうほかはない。そこで皆に敢えて問う。諸子はいま、赤穂浪士となり恥を忍んで将来に仇を報ぜんとするか、あるいは白虎隊となり、玉砕をもって民族の防波堤となり後世の歴史に問わんとするか。赤穂浪士たらんとする者は一歩前に出よ。白虎隊たらんとするものは手を上げよ」（『戦車第十一連隊史』）

池田の悲壮な訓示を聞いた全員が「おう」と応え、もろ手を挙げた。「連隊長殿、われわれはいつの日か、ソ連軍と相まみえるために満洲で厳しい訓練をやってきたのではありませんか」（同）との声も上がった。

池田は「ありがとう」と言った。

小田は、戦車に戻ってきた車長の宮沢から「連隊長はご決断された」と聞かされた。

小田は、羊羹をかじりながら池田の姿を戦車前方の覗き窓から見ていた。池田は軍服を着ておらず、カーキ色のシャツ姿だった。額に日の丸の鉢巻きを締め、手に日章旗を握っていた。小田は「連隊長は死ぬ気だな」と感じた。軍服を着てないのは、戦死した際に連隊長を表す階級章を隠すためと想像した。

池田は第二次攻撃を指示した。

池田は先頭の連隊長車の砲塔に半身を乗り出し、左手には日章旗、右手には拳銃を握っていた。男体山の南側斜面に、右から軽戦車の第四中隊、主力の中戦車の第三、第一、連隊本部、第六、第二の各中隊がほぼ一直線で展開し、突進を始めた。

ソ連軍は、戦車隊の猛攻でじりじりと後退したが、態勢を整えて二、三十人が一団となって対抗した。ハイマツやハンノキが戦車の行く手を阻み、その機動力をそいだ。

ソ連軍も対戦車ライフル百丁や対戦車砲四門、対戦車手投黄燐弾などを急遽陸揚げして四嶺山の前面に用意しつつあった。これらの兵器は、独ソ線で活躍したもので、日本の戦車隊を過酷な状況に追い込んだ。戦車隊はほぼ横一列となって男体山を一気に越え、ソ連軍の第一線に肉薄した。

ソ連兵は日本軍が作っていたタコツボやハイマツに身を潜ませて戦車の通過を待ち、至近距離から対戦車ライフルや手榴弾で攻撃してきた。日本軍の車長は、砲塔部から半身を出して周囲を確認しながら指揮することを基本とし、この日、戦車隊は歩兵を伴っていないため、戦車兵が砲塔から小銃などで至近距離のソ連兵を撃つしかない。それは同時に恰好の狙撃目標となることを意味していた。

ソ連軍の容赦ない攻撃

小田らの第四中隊は、ソ連兵が迫る四嶺山中腹の高射砲陣地の守備を命じられた。高射砲は、飛来する上空の敵機を打ち落とす兵器だが、砲身を水平よりさらに下に向けて陣地に迫るソ連兵を狙い撃った。高射砲部隊は砲撃を続けて、一発で五、六人のソ連兵が吹っ飛んだ。小田はその威力に驚いた。

その高射砲を封じるためにソ連兵は危険を顧みず、陣地に猛攻を仕掛けてきた。小田の戦車からの距離は約六百から八百メートルあり、距離はやや遠かったが、ソ連兵の進撃を食い止めるためにも小田は機関銃を、宮沢は砲弾を立て続けに放った。機関銃弾は弾道を確認するため四発に一発が光を曳く曳光弾だった。再び狭い戦車内には硝煙が満ちて、息をするのも苦しいほどになった。ただ、小田には恐怖心はなかった。戦車という鋼鉄の箱にいるという安心感があった。

戦闘の最中、小田の機関銃が突然、故障した。小田は足元に落ちていた空薬莢を手にして、薬莢の尻の部分に目をやった。撃針が押し込んで本来へこんでいるはずの跡がいつもよりも小さく、小田は薬莢の底を打ち、雷管を発火させる「撃茎《げっけい》」という部品がすり減っているのではないかと考えた。

少年戦車兵学校では戦車の整備のほか、小銃や車載機関銃を目隠しして分解、再度組み立てる訓練を何度も受けていた。さっそく銃を分解すると、予想通りだった。このため、弾丸が発射されなかったのだ。撃茎を交換して、再度銃を組み立て直した。わずか数分で故障は直り、機関銃は再び火を噴き始めた。

機関銃の命中率が高い三百～五百メートルの距離で撃つと、ソ連兵はバラバラと倒れた。その様子に小田は「俺の腕も満更でもない」と興奮したが、しばらくすると、ソ連兵たちは再び起き上がった。

ソ連兵は決して走らず、スタコラと歩いてくる。小田は「なんだぁ。当たってなかったのか」とがっかりした。よく見ると、倒れている味方の懐に手を入れているソ連兵がいた。何かを盗もうとしているに違いなかった。小田にとって別の意味の驚きだった。

小田が宮沢に話しかけたときだった。

宮沢が三七ミリ砲弾をつかみ損ね、誤って砲弾を落としてしまった。小田の目前で砲弾が弾頭を下にして落ちていく。小田にはまるでスローモーションのように見えた。小田は手を差し出そうとしたが間に合わなかった。小田は思わず目をつぶった。

この瞬間、小田の脳裏をよぎったことがあった。砲弾の信管には安全装置があり、落としたぐらいの衝撃では爆発しないはずだった。小田の願い通り、砲弾はカランという乾いた音

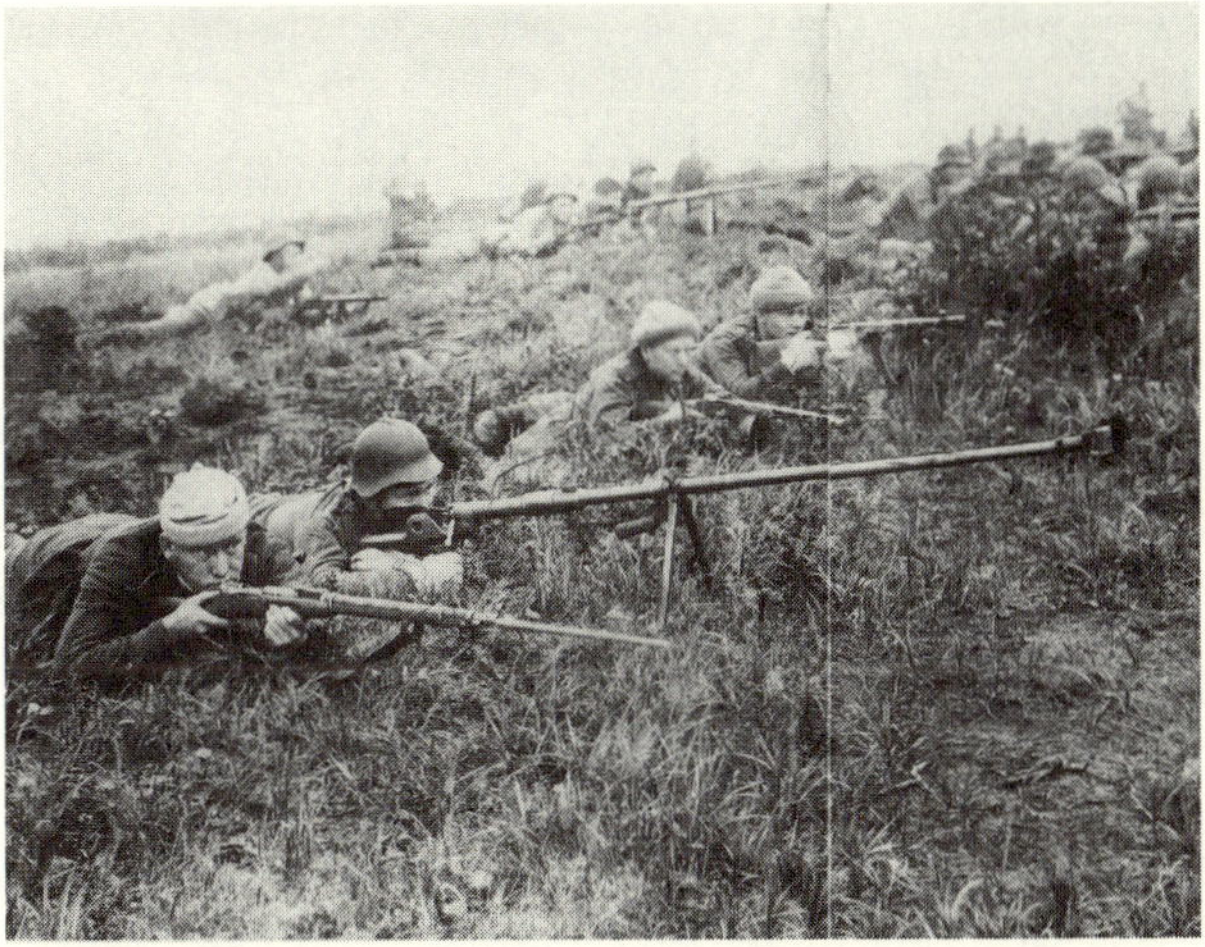
ソ連軍の対戦車ライフル（中央）

を立てて転がった。小田は、砲弾の製造に手を抜かなかった勤労奉仕の女学生たちに思わず感謝した。宮沢がほっとした表情で「すまん」とわびた。

戦車の周りにはソ連兵の迫撃砲が容赦なく着弾して、小さな軽戦車は揺さぶられた。小銃弾は砲塔や車体に当たり、カーンという甲高い金属音をたてた。

対戦車ライフルと対戦車砲は脅威だった。ソ連兵が放つ対戦車ライフルの弾丸は、オレンジ色の光跡とシュッという軽い音を立てて戦車の薄い装甲を貫通した。中の戦車兵の生身の体など紙に等しい。対戦車砲も中戦車の装甲を簡単にぶち抜いた。信管が調整してあり、装甲を貫いた後、戦車の中で爆発した。

砲塔のハッチが吹き飛び、炎が噴き上がった。戦車は熱い棺桶となり、戦車兵は戦車と命運をともにした。主力の各中隊が再び向かった四嶺山周辺ではすさまじい激戦が展開されていた。

一気に燃え上がる戦車

第四中隊の綱嶋正己が十八日朝、ようやく戦車を整備し、大和橋近くの兵舎から出撃した時は、周囲にはガスがかなり掛かっていた。操縦手の綱嶋はディーゼルエンジンのスイッチを押して、セルを回すと数秒で問題なくエンジンは掛かった。

綱嶋は目前の小さな窓を開けて四嶺山へと向かった。その窓も戦闘中は閉めて、細長いスリット状の隙間から外の様子をうかがうしかない。だが、戦車は上下左右に揺れて、やはりほとんど見えないのが実態だった。

基本的に軽戦車からなる第四中隊は偵察や情報収集が主な任務だったため、綱嶋らの小隊は四嶺山から約七、八百メートル離れた地点で戦況を見守っていた。

午前九時ごろだった。綱嶋の戦車が四嶺山に向けて進撃していくと、はるか前方のソ連兵は日本軍が作ったタコツボに隠れて、戦車が通り過ぎた後、穴から現れるのが見えた。二人一組で、一人が可燃性の液体が入った石油缶を背負い、もう一人がポンプを押して、戦車後部の空気採り入れ口へとホースの先を向けて液体を噴射するのが見えた。空気採り入れ口は戦車の左右側面にあり、魚のエラのようにひだ状に連なっている。そこから空気を吸い込んでエンジンを冷やす。エンジンはかなりの高温になっており、そこにガソリンなどを掛けられると、一気に燃え上がった。ソ連兵は戦車の死角になっている後方を狙っていた。

燃える戦車から何とか外へと出ようとした戦車兵が焼け死んだ。綱嶋が確認しただけで四、五両の戦車が炎上した。後方に支援の歩兵がいない弱点を突かれたのだ。ノモンハン事件の際に、日本軍がソ連戦車に肉薄し火炎瓶攻撃で苦しめたその再現でもあった。綱嶋は戦車とはあんなに弱く簡単に燃えるものなのかと愕然とした。脳裏をかすめたのは「次は自分かも」だった。

四嶺山は戦車兵たちの墓場となった。戦車が被弾して走れなくなると、戦車兵たちは拳銃や軍刀を手に切り込んだ。ソ連の歩兵も小銃や手榴弾で対抗し、壮絶な死闘が続いた。

池田連隊長の壮絶な戦死

竹田浜にようやく上陸したソ連兵のコルブトは前方の丘（四嶺山）を目指して進んだ。小さな日本の戦車が何両も進撃してきたのが目に入った。コルブトは手榴弾と小銃を手に戦闘に加わった。コルブトが投じた手榴弾は日本軍の戦車の下で炸裂し、止まった戦車の中から日本兵が飛び出てきた。白兵戦となり、コルブトは三人の日本兵を撃ち殺した。

この四嶺山の戦闘をソ連側も記録していた。

「少ない兵力にもかかわらず、二時間の死闘が続けられた。日本軍は大きな損害を払いながらも［ソ軍］先遣隊を高地［四嶺山］の麓まで押し返すことに成功した。しかし、日本軍も戦車一五両と将兵一〇〇名を失って防勢に転じなければならなかった」（前掲『南樺太および千島戦史』。中山隆志著『一九四五年夏　最後の日ソ戦』中公文庫、二〇〇一年で引用。［　］内は相原の補足）

各中隊の先頭を進む中隊長は次々に銃弾や手榴弾の集中攻撃を受けて戦死した。四嶺山の山麓は多くの戦車が擱座し、両軍の将兵の遺体がいくつも転がった。砲塔から身を乗り出して、迫るソ連兵を拳銃で狙い撃っていた池田だったが、第二次攻撃開始から約一時間後の午前九時ごろ、至近距離からの対戦車ライフルの集中砲火を浴び、数発が戦車側面を貫通して、搭載していた爆薬が誘爆して炎上、車体が炎に包まれた。池田のほか乗員四人全員が壮烈な最期を遂げた。池田は四十四歳だった。

樋口季一郎は前掲の「遺稿集」の中で、池田についてこう記述する。

「彼は最後の総攻撃に際し、（略）砲塔に馬乗りとなり、縦横無尽に指揮したが、数発の砲弾及び一発の対戦車砲弾を受けて、散華したものであると言う。思うに、これは日本陸軍最後の武勇談でもあるであらう」

この四嶺山の戦闘で、小田ら豆タンと島に渡った二人の見習い士官の高木弘之、芦田章も戦死した。

小田と少年戦車兵同期の日野宇三郎の目前で、並行して走っていた同期の山本信一が乗った中戦車が沢地に滑り落ちて動けなくなった。日野も山本も同じ第一中隊第一小隊に属し、ともに砲手だった。

山本信一伍長

その沢地にはソ連兵十数人が潜んでいた。
山本の中戦車は沢から必死に脱出しようとしたが、どうしても最後の急斜面を登り切れず、ずるずると沢地の底へと横転しながら落ちて行った。ソ連兵が投げた手榴弾が炸裂してキャタピラがちぎれ、戦車は動きを止めた。砲手の山本は、砲塔後部の機関銃を外して、戦車から飛び降りて、ソ連兵に立ち向かったが、火炎放射を浴びて火だるまになり、沢地の底へと崩れ落ちた。ソ連兵は砲塔上の天蓋から手榴弾を投げ込み、数秒後に戦車内で炸裂した。

別の戦車では投げ込むタイミングが早すぎた手榴弾を戦車兵が車外に投げ返し、近くのソ連兵が四散した。四嶺山をめぐる戦車隊による第二次攻撃と戦闘は午前七時五十分から同九時半まで約一時間四十分におよんだ。

戦車連隊の戦死者は九十人を超えた

午前八時前、国端崎の守備隊は、四嶺山の尾根を越えて、逆落としにソ連軍に突進する日本軍の戦車の姿を捉えた。

「戦車連隊が救援に来たぞ」

砲兵の野呂は、激しい戦闘の中で陣地内にこだました歓声を聞いた。圧倒的多数のソ連軍に包囲され、孤立していた守備隊は固唾をのんで戦車隊の攻撃を見守った。池田率いる戦車隊は、日章旗を打ち振り、いま救けに来たぞと言わんばかりの勢いでソ連軍の歩兵を蹴散らしていく。だが、ソ連兵の対戦車砲や手榴弾の反撃で次々に戦車が炎上する様子も見えた。

しかし、その勇壮な戦いぶりは国端崎陣地の片桐以下、立てこもる将兵を励まし、沈滞した士気をもう一度奮い立たせた。

片桐は前掲の手記に記す。

「八時近く、四嶺山より友軍戦車隊が我陣地方面に進撃を開始す。日章旗を打ち振り、日の丸の鉢巻も凛々しく、今救助に駈けつけるぞとばかり。沈滞した士気がまたもりあがる」

四嶺山では戦闘に加わった戦車連隊の各中隊長の多くが戦死した。第四中隊長の伊藤は池田らの壮絶な最期を聞いた後、連隊の指揮を執った。ソ連軍も四嶺山からやがて潮が引くように退いた。斜面には無数の両軍兵士の遺体が横たわっていた。擱座したり、炎をめらめらと上げる戦車もあった。

生き残った各中隊の先任小隊長は残る各戦車を掌握しようとしたが、混乱の戦場で容易なことではなかった。伊藤はほぼ戦闘が終わった午前九時半、各中隊に集結を命じた。濃霧が覆う四嶺山の南側斜面に各戦車が集結を完了したのは午前十時半だった（『戦車第十一連隊史』）。

わずか四時間の戦闘で、池田以下、同戦車連隊の戦死者は九十人を超えていた。負傷者は現地に到着した木下軍医長に委ね、修理可能な戦車は整備中隊が再整備して戦闘再開に備えた。

宮沢車長、狙撃される

小田の戦車は砲弾をほぼ撃ち尽くしていた。このため被弾して擱座していたほかの軽戦車から残っていた砲弾をかき集めることにした。

砲塔によじ登ろうとする小田を車長の宮沢は「俺が行く」と止めた。小柄の小田に対して、長身の宮沢の方が砲塔に上がりやすいからだった。宮沢は砲塔に残る砲弾を次々に小田に手渡した。

二十発ぐらいを下した時だった。砲塔の上から宮沢の体が崩れ落ちた。ソ連の狙撃兵に狙われたのだ。小田が抱きかかえると、宮沢は激しく出血し、背中から肺の空気と一緒に血がゴボゴボと音を立てて噴き出していた。宮沢は口からも出血していた。口をこじ開けると、舌が半分千切れていた。一発は頬から肩へ、もう一発は背中へと抜けていた。

小田は救急箱からガーゼを取り出して、服の下をさぐって肩口の傷口に押し込んだ。宮沢は痛さのあまり、ぐっと低くうめいた。さらに三角巾を止血棒で絞って、なんとか出血を止めようとした。背中の銃創にも軍服の上からガーゼを押し当てて包帯を巻いた。手荒な治療だったが、こうでもしなければ出血多量で死ぬことは時間の問題だった。

小田は、宮沢の応急処置をようやく終えて、十五メートルほど離れた自分たちの戦車へと宮沢を運んだ。周囲には銃弾が音を立てて地面に突き刺さり、装甲やキャタピラに当たって、金属音を響かせた。

「小田。お前撃たれているぞ。物陰に隠れろ」。先輩の豆タンの金谷が注意を促したが、小田自身は恐怖を感じなかった。感じているような余裕すらなかったのだ。宮沢を戦車内になんとか移した後、回収した砲弾を操縦席の小さなハッチから運び込んだ。

銃声が下火となったとき、第四中隊の古参兵の准尉が一升瓶を片手に近づいてきた。昨夜、配給された日本酒の残りに違いない。酒臭い息をするところから見て、戦闘中も飲んでいたらしかった。

古参兵は操縦手のハッチを開けさせて、意識がもうろうとしている宮沢に対して「おい、宮沢。何を景気悪い顔をしている。酒でも飲んで元気を出せ」と、ミカン缶詰の空き缶に酒をついで突き出した。意識がもうろうとする中でも酒好きの宮沢は思わず片手を伸ばそうとした。小田は「止めろ」と言って古参兵の手を払った。こんなに出血があるのに酒など飲めば、さらに出血し命をなくすことは間違いなかった。

「豆タン、何をする」

古参兵が赤い目で小田をにらみつけた。小田は拳銃を手にもう一度「やめろ」と言った。これ以上、酒を強要するならば本気で撃つつもりだった。血しぶく戦場を体験した小田にはもう怖いものなどなかった。

小田の形相に古参兵は「けっ」と毒づいて背を向けて去って行った。

この古参兵は同日夜、大和橋の兵舎前の道路で泥酔し寝ていたところを軽戦車にひかれて脚を骨折した。報告を受けた伊藤は「戦闘最中に酒を飲んで道に寝ている方が悪い」と操縦手を不問に処した。

「あれは独ソ戦を戦ってきたベテランに違いない」

小田は急遽、宮沢に代わって砲手を務めることになった。小田は補給した砲弾を込めて、狙いを定めて放った。敵兵が固まっているところに着弾すると、二、三人が吹き飛んだ。実戦で砲弾を発射するのももちろん初めてだった。小田は「機銃手よりもおもしろい」と興奮しながら引き金を次々に引いた。

近くにいた若い歩兵が戦車に近づき、「伍長殿。いまのは味方です」と大声で叫んだ。小田が慌てて眼鏡で確認するとソ連兵に間違いなかった。小田が「ロスケじゃないか」と罵声を浴びせると、その歩兵は「すいません。敵兵でした」と首をすくめた。

「お前、何か食べたのか」と小田が聞きただすと、「朝から何も」と首を振った。小田は戦車内に持ち込んだ、きびだんご数本を手に「これでも食え」と渡した。歩兵は目を輝かして、きびだんごを見つめた。その歩兵は小田が発射するごとに敵か味方か報告に来た。

一両の中戦車が近づいてきた。豆タン同期の日野が乗り込んでいた。小田の姿を見つけた日野は山本の最期の様子をつぶさに伝えた。その目は戦車内に飛び込む鉄粉や硝煙、そして悔し涙で真っ赤だった。日野は「こんなむごい最期を山本のご家族には話せないな」とぼそっと言った。

戦況を見ながら小田はソ連兵の戦術と勇敢さに驚かされた。一両の中戦車が砲弾と銃弾を放ちながら、十数人のソ連兵を追っていた。約千から千二百メートルも離れていたため、小田は「深追いをするな。危ない」と心の中で叫んで、眼鏡を食い入るように見つめていた。突然、戦車の前から砂煙が高く舞い上がった。地面に敷設された爆雷が炸裂し、キャタピラを引き裂いた。戦車は動きを止めた。ソ連兵はわざと戦車の前に姿を現し、その身をおとりに爆雷の方向へと導いていたのだ。初年兵がやれる戦法ではない。小田は「あれはカムチャツカの兵ではなくて、独ソ戦を戦ってきたベテランに違いない」と思った。

中村三郎伍長

四嶺山から約一キロ南の沓形台では、道路側溝に隠れていたソ連兵が戦車に肉迫攻撃を仕掛けた。車載機関銃の掃射で一度は退けたものの、手榴弾の集中攻撃によって戦車は停止した。爆薬を抱えて戦車の下に飛び込んで、死んだ勇気あるソ連兵もいた。

走行できなくなった戦車から一人の日本兵が飛び出てきた。小田の戦車からは距離がありすぎて救援に向かうことができない。

後でわかったが、それは同期の豆タン、第二中隊の中村三郎だった。中村は戦車から飛び降りて、砲塔の機関銃を取り外して連射した。ソ連兵が散り散りに逃げる様子が見えた。しかし、機関銃の箱弾倉は二十発しかない。撃ち終わると弾倉を外して、新しい弾倉を装塡して槓桿《こうかん》を引っ張らないと再び発射できない。

その合間にソ連兵は逆襲してきた。中村は頭と胸に銃弾を受けて崩れ落ちるようにして死んだ。

操縦手の金谷は、中村の戦車の方向へと突っ込んだ。もうソ連兵の姿はなかった。そこには六、七人のソ連兵の遺体が転がっていた。前を走る友軍の戦車がその上を無造作に通過した。その顔は無残に戦車につぶされて、何倍にも広がっていた。

ソ連兵を斬る

小田らの軽戦車は前の戦車を追うように進み、標高百二十メートルほどの台地状の大観台に到着した。ここに旅団本部が移ってきているはずだった。

小田らの戦車を一人の少尉が止めた。

「どこへ行くのだ」

「負傷兵を下してから、弾薬を補給して中隊に戻るのです」

「旅団本部はここまで来ていて、野戦病院もあるからここで手当てする」

宮沢を衛生兵に託した小田は、近くのハイマツの陰で腰を下ろした。宮沢は衛生兵によって野戦病院へと運ばれ、九死に一生を得た。

周囲にはソ連兵の死体があちこちに転がっていた。その数は十体ほどあった。

そのとき、三十メートルほど離れた場所に横たわっていたソ連兵の遺体が寝返りをうったように見えた。戦車前方の前扉を開けて周囲をうかがっていた金谷もすぐに気づいて、「小田。行って斬ってこい。山本の仇を取ってこい」と言った。小田は腰の軍刀を鞘から抜いて、じりじりと近づいた。

刀を振りかぶったまま、小田が横たわるソ連兵の生死を確かめようとした瞬間、ソ連兵は傍らの小銃を持って、よろよろと身をもたげようとした。やはり生きていたのだ。小田はソ連兵の額を目がけて無我夢中で軍刀を振り下ろした。手にグシャっと、まるでカボチャを鉈で叩き切ったような感触が伝わってきた。軍刀は確実に相手の脳天深くまで達した。

初めての戦場で、初めて人間を斬った。小田はすぐに身をひるがえし、飛んで帰るように戦車へ戻った。後ろからあのソ連兵が自分を追いかけてくるような気がして、心底おびえていた。十七歳の心は恐怖心で破裂しそうになった。

薄茶色の戦闘帽をかぶったソ連兵のすがるような視線、この瞬間の記憶と手に残った生々しい感触は小田の脳裏に焼き付いた。そして、戦後長い間、毎晩のように夢に出ては小田を苦しめ続けた。

軍使を乗せて行ってくれ

戦車に戻った小田と金谷は新たな命令を受けた。

「旅団長が軍使を送るためにここに来る。おまえたちはそこの窪地で待機していろ」

小田は血相を変えた。

「そうはいきません。中隊は弾がなくて困っているから、すぐにいかないと。中隊がやられたら困ります」

「もう戦争は終わって、軍使を送るところだから、もう帰らなくてもよい」

第五方面軍からの指示では、たとえ自衛戦闘であっても戦闘停止期限は十八日午後四時だった。その時刻は迫っていた。

日本軍の軍使がようやくやってきた。

小田の顔を見るなり、「豆タン。大丈夫だったか」と声を掛けた。驚いてよく見ると、小田らが島に到着した際に世話になった師団参謀部作戦情報係の長島厚大尉だった。

「俺はこれから軍使で行くから。とにかく乗せて行ってくれ」

長島の声を耳にした周囲の兵士たちが血相を変えた。「何、いまなんと言った」「だまし討ちをしたロスケを許すのか」「戦友の仇を取らないでか」という怒号も聞こえた。

小田の心も沸騰していた。

「ロスケの野郎。戦争が終わったのに泥棒同然のまねをしやがって」

何人もの戦友の無残な死。死んだ豆タン同期の山本信一、中村三郎も終戦を知って、故郷に帰る日を待っていたはずだった。その顔が目に浮かんだ。

周囲が騒然とする中、長島は決然と「これ以上の戦死者を出すわけにはいかない」と諭すように言った。同行者は、同じ師団司令部の成瀬常吉曹長や般林《はんばやし》南岳少尉が指揮する護衛隊と、日魯漁業の牛谷功通訳だった。

小田は、牛谷を自分の機関銃手席に座らせて、車長が立つ砲塔には長島が立ち、小田自身は砲塔の後ろに座った。長島は白旗を用意させて、途中からは戦意がないことを示すために戦車の砲塔を一八〇度回転させて、砲身を後ろに向けさせた。

長島と牛谷らを乗せた小田の戦車は、ソ連軍が陣取る四嶺山方向へと向かって走った。小田は砲塔の後ろに砲身に跨っていた。戦車めがけてソ連軍の容赦ない銃弾が飛んできた。

小田は初めて恐怖を感じた。

何発もの弾丸がかすめた。「ピューン。ピューン」という音は、自分よりやや高い場所を通過したことを示しているが、「ピュッ。ピュッ」という短い音はすぐ身近を通過している証拠だった。四嶺山の激戦地が近づくにつれて、あきらかに狙い撃ちされていることがわかった。戦車に当たった銃弾がカーンという音とともに火花を散らした。

日ソ両軍の戦闘は続いていた。掲げた白旗はまったく効果がなかった。戦車の周囲にも土煙が上がった。小田は「もう、お母さんには会えないのか」と思った。長島は戦車を止めさせて、「戦車ではかえってだめだから、歩いて行く。おまえらは中隊に戻れ」と言い残し、牛谷、随行の兵士らと霧の中に消えた。

至近距離の攻防戦

国端崎陣地では両軍の一進一退の攻防が展開されていた。ソ連軍は陣地前面に掘られた戦車壕や連絡壕伝いに忍び寄ってきた。

速射砲小隊の大賀らは対戦車壕に潜み、小銃を手にソ連軍の侵入を防ごうとした。大柄のソ連兵は前進するのにもその姿勢が高いために格好の目標となった。ソ連兵は、野呂らが未明に陣取っていた監視所から百メートルほど下った地点に機関銃を据え付けて、そこを拠点に銃撃を浴びせ、日本側にも死傷者が出始めた。

大賀ら二人が選ばれて、その機関銃座を破壊するため、連絡壕に身を隠して忍び寄った。十人ほどのソ連兵の姿が見えた。大賀らはタイミングを合わせて手榴弾を放り込んだ。手榴弾は命中したらしく機関銃は沈黙した。

大賀らは後退して元の場所に戻って監視を続けていたが、分隊の高橋道康兵長が様子を見るために近よってきた。大賀が用を足して戻ってくると、高橋は小銃を構えたまま、鉄兜の星章辺りを射抜かれて即死していた。銃把は脳漿と血でべっとりと濡れていた。ソ連の狙撃兵の銃弾に額を射抜かれたのだ。

守備隊長の片桐の傍らで機関銃を握っていた上等兵の佐藤も狙撃されて即死した。速射砲隊、臼砲分隊からそれぞれ二名、野砲の砲手も狙撃兵の銃弾に倒れて、瞬く間に六人が死亡した。いずれも頭部を銃弾が貫通していた。

大賀は高橋の仇を打つため、再びソ連兵たちに忍び寄った。だが、二十メートルまで接近して壕からはい出して手榴弾を投げ込もうとした時、ソ連兵に見つかり、一斉射撃を受けて、命からがら陣地へ逃げ帰った。

連絡壕をめぐる至近距離の攻防戦となった。

太陽が高くなるにつれて、ソ連兵の数は増して、大賀らはソ連軍の砲撃によって、「くの字」に破壊された国端崎灯台近くまで後退を強いられた。灯台と付属施設の周囲には高さ八十センチほどのコンクリート製の壁がめぐらされていた。その内側に飛び込んだ時、八人いたはずの大賀の分隊は六人となっていた。迫るソ連兵との距離はわずか四十から五十メートルに狭まっていた。壁の上から顔を出すと必ず狙撃された。同じ場所で続けて顔を出すことは死を意味すると理解した。首と耳たぶに弾がかすったり、耳たぶを引き裂かれた兵もいた。大賀は死ぬならば苦しまないで一発で死にたいと思った。

一人の兵隊が雑嚢からタバコを取り出して配った。大賀らは敵の状況を確かめながら交代でむさぼるように吸った。タバコを吸うと気分もやや落ち着いた。大賀が空を見上げると霧はすっかりと晴れて、青空と白雲が見えた。一瞬だけ故郷の妻子や母の姿が心に浮かび、別れを告げた。

ソ連兵は大賀らが少人数とわかったらしく、マンドリンと呼ばれた自動小銃を掃射して、「ウラー」という大声を挙げて突撃してきた。だれがか「さがれ」と叫んだ。大賀らはソ連兵に銃弾を浴びせながら後退、ようやく地下の洞窟陣地に入ることができた。

国端崎の守備隊といっても、基本的に歩兵、野砲、速射砲、臼砲、航空情報班とそれぞれの隊ごとに指揮命令系統が別にあり、互いの隊員同士の交流などはなかった。ソ連軍の包囲網が狭まる中で、逃げ込めるのは野砲隊の洞窟陣地しかなかった。陣地内には食料や甘味もタバコもあった。腹を空かせた歩兵たちが砲兵たちの目を盗んで備蓄食料に手を付けたことがわかり、野砲小隊長の速応は「そうしたことをされては困る」と厳しく言い渡した。

洞窟陣地の二カ所ある砲門のうち、オホーツク海側の砲門は固く扉を閉めて、弾薬の空き箱などを積んで封鎖した。残る竹田浜側も野砲を洞窟内に撤収して、砲門からの砲撃を主体に防戦に努めることを決めた。時計は午後三時を回った。すでに戦闘開始から十五時間近く経過していた。

洞窟陣地の上を敵兵が走る音がするため、野呂は監視哨の入り口から顔を出して周囲をうかがった。その時、一人のソ連兵が頭上から覆いかぶさるように倒れ込んできた。野呂は、目の前の敵兵と向かいあった。銃を構える余裕もなく、野呂は傍らにあった岩を両手で持ち上げて、相手の顔面目がけて岩を叩きつけた。ソ連兵の顔面が血に染まった。相手が顔の前で弱々しく手を振ったように見えた。「もう、頼むからやめてくれ」「助けてくれ」という仕草のようにも思えた。野呂が何度も何度も岩を振り下ろすと、ソ連兵の顔は血にまみれて、ついに絶命した。野呂は荒い息の中で見たそのゆがんだ顔を生涯忘れられなかった。

死んだソ連兵の傍らにはマンドリンと呼ばれた二丁の自動小銃が転がっていた。野呂は初めて見る自動小銃を手に取って、引き金を絞ってみた。すると、弾が発射され、単発式の日本の歩兵銃とは構造が違うのがすぐにわかった。「小隊長。これは良いです」と、野呂は速応にもう一丁の自動小銃を渡して、二人で迫るソ連兵を掃射した。五人のソ連兵が次々に銃弾に倒れた。

女性工員たちを逃がせ

占守島と幌筵島には日魯漁業の缶詰工場が当時も操業していたことはすでに書いた。占守島へのソ連軍上陸の報に、九一師団司令部は島にいる民間人、とりわけ女性の身を案じた。すでに満洲では侵攻したソ連軍によって略奪や暴行が行われ、多数の女性が強姦されていた。同師団はとりわけ女性たちの安全確保が必要と判断し、いち早く北海道へ避難させることを決めた。すでに八月十八日朝には幌筵海峡近くにソ連艦艇が出現しており、時間的な余裕はなかった。

参謀長の柳岡武は女性工員の保護任務に当たっていた沢田八衛大尉に命じ、柏原港などにあった独航船二十数隻に四百～五百人の女性工員を分乗させて、十八日午後四時、北海道へと出航させた。

運よく霧が発生して、船団を隠し、無事に北海道の根室港に到着した。後に同師団が降伏し、武装解除した後、柏原に上陸したソ連軍の兵隊たちは「女がいるはずだ」と探したが、すでに全員が避難した後だった。

第三章　停　戦

予想もしなかった命令

停戦の軍使を命じられた長島厚は、当時二十四歳の若さだった。

長島に関する記述は、長島厚「『信じないのなら〝HARAKIRI〟をする！』捨て身の停戦交渉の末に」（前掲『歴史街道』掲載）と、北海道新聞編集委員本田良一の取材メモによる。

長島は山口県出身。昭和十三年に陸軍予科士官学校に入学し、三年後に陸軍士官学校を卒業した。まもなく満洲の戦車第四連隊に配属され、満洲とソ連国境を流れるアムール川の支流ウスリー川に近い虎林に赴任、見習士官となった。その後、満洲・公主嶺の戦車学校で学んだ。戦車第四連隊は南方戦線へと向かい、長島は後に占守島に配属される戦車第十一連隊の将校として赴任した。

終戦前年の昭和十九年十月に九一師団の参謀部に移った。参謀部では北千島の敵戦車の上陸適地調査を命じられた。無論、調査地域には占守島《しゅむしゅ》も含まれていた。フィリピンでもサイパンでも米軍は戦車を上陸させているため、その上陸適地を調べ上げ、防御策を練った。

長島が終戦を知ったのは幌筵《ぱらむしる》島柏原の師団司令部だった。長島自身もソ連軍がまさか上陸するとは思ってもいなかった。

長島の記憶では、前線からの第一報は「英語ではない敵が上がってきた」。

すぐに師団からは占守島の七三旅団に連絡要員として派遣され、戦闘指揮所が設けられた最前線近くの大観台まで赴いた。指揮所で長島は各地からの報告を受けて地図上で戦況をまとめる作業を行っていた。夜が明けて、次第に上陸した敵軍がソ連軍であることがわかってきた。長島は古巣である戦車第十一連隊の奮戦に心を躍らせ、同時に池田末男ら多くの犠牲に心を曇らせた。長島は「池田連隊長らの仇を必ず討つ」と固く誓い、旅団の総力を挙げた総攻撃の開始を待っていた。

そんな長島にとって、軍使としてソ連軍の上陸司令部に赴いて、停戦文書を手渡せという師団長の命令は予想もしていないものだった。軍使の命令が長島に届いたのは十八日午後一時。伝令が命令書を持参して来た。

激戦の中、敵司令部へ

長島は士官学校でもロシア語は学んでいなかった。停戦の軍使という重要な役目は自分よりも職責が重い人がふさわしいのではと思った。だが、参謀長などを派遣して、万が一戦死したような場合、軍の統制に大きな支障がでるのは必至。軍使とはそれほど危険で重要な任務だった。

「軍人の本分とは、攻撃命令がでれば突撃し、軍使になれと命じられれば忠実に行動すること。自分の命に代えて、戦友の犠牲を少なくできるならば本望ではないか」

長島は思い直して、与えられた任務を果たそうと動き出した。

竹田浜近くに司令部を置くソ連軍に小田英孝の軽戦車で向かった長島たちは、ソ連軍から狙い撃たれているのが明らかだったため、戦車から下りた。ハイマツとハンノキが茂る丘陵地帯を徒歩で進み、交戦地帯を迂回するようにしてソ連軍司令部を目指した。長島は「弾に当たっても当たらなくても運だ」と自分自身に言い聞かせた。

大本営が指示した自衛戦闘終了の刻限である十八日午後四時になったが、戦闘は収まらず、ソ連軍司令部を探す行軍の途中、護衛隊員と通訳の牛谷功が命を落とした。護衛隊長の般林南岳もついにはぐれ、板垣弘軍曹が護衛隊長の役割を引き継いだ。随行員が掲げてきた白旗は、敵の銃弾を受けてぼろぼろになり、途中で捨てた。白旗は格好の標的になっていた。

日没が迫る中、再び長島らはハイマツや草地から這い出るようにして占守街道に出た。その直前、長島が確かめると当初二十人いた同行者はわずか八人に減っていた。長島は残る全員を集めて、「このまま前進すると損害のみが増える。私一人で行き、任務を全うするので、皆は大観台に帰り、杉野（巌）旅団長にこれまでの経緯を報告せよ」と命じた。長島は内心、「敵司令部へ行っても死ぬのだ。どっちみち、もう生きては帰れまい」と覚悟していた。

長島と師団司令部でともに汗を流してきた成瀬常吉曹長が口を開いた。成瀬は長島が北千島の各島で米軍の上陸予想地点の調査に出向いた際も同行していた仲だった。「これまで通り大尉と行動をともにさせてください。死ぬときは一緒です」。板垣軍曹も「私の任務は軍使の護衛です。般林小隊長の代理として行動をともにさせてください」と懇願した。

長島は二人の申し出を了解した。残る六人が再び大観台へと戻るのを見届けた後、長島ら三人は、長島、成瀬、板垣の順にやや距離を開けて竹田浜を目指した。

日が没した。

長島らは身を隠す場所もない草原の中を伸びる占守街道を小走りに進んだ。北へ進めばソ連軍の先鋒と遭遇すると考えていた。わざと目立つ街道を進んだのは、早くソ連軍に見つかり、交渉の糸口を得るためだった。「撃たれてもいい。こうでもしないとソ連軍と接触して、停戦文書を手渡すことができない」と長島は思った。

途中で、友軍の歩兵部隊が捕虜にしたソ連兵を通訳替わりに同行させることになった。ソ連兵は日本語も英語もわからなかったが、ソ連軍に向かってロシア語で叫ばせれば、何かきっかけがつかめるはずだ。長島は身振り手振りで、ソ連軍将校に会いたいと捕虜に伝え、捕虜も理解したようだった。四人は占守街道を歩いていったが、ソ連兵は堂々と街道を進む日本兵がいるとは思わず、なかなか気づいてくれなかった。

午後七時ごろ、前方の暗闇から人の声がした。ソ連兵の捕虜に合図してロシア語で叫ばせた。途端に「バリ、バリ、バリッ」と自動小銃の一斉射撃を受けた。長島らは側溝に伏せた。不思議なことに弾は当たらず、長島は「天佑神助か、先祖のご加護か」と感謝した。一斉にソ連兵が飛びかかってきて、長島を取り押さえた。ほかの二人の無事は確認しようがなかった。

長島は後ろ手に縛られて、ソ連軍の臨時の司令部に引き立てられていった。司令部となっていたのは、国端崎と四嶺山の間にあった日本軍守備隊臼砲分隊の兵舎らしかった。兵舎の庭のような場所で待たされていると、ソ連兵が成瀬、板垣の二人を連行してきた。二人にもけがはなく、三人は身を寄せ合って互いの無事を喜びあった。頭上を見上げると、霧は晴れて上弦の月が青白い光を放っていた。

迫り来る最期の時

長島が連行された頃、ソ連軍の臨時司令部のわずか二キロほど先の国端崎陣地では、守備隊長の片桐茂ら歩兵隊、速応武男らの野砲隊のほか大賀親乙《しんいつ》ら速射砲隊、臼砲隊ら約百二十人が抵抗を続けていた。

洞窟陣地内の砲門は野砲隊が守り、ほかの入口は歩兵部隊らが交代で歩哨に立った。激戦の十八日が暮れて、陣地にはわずかにろうそくが灯され、二十人近い戦死者の遺体がその奥に安置され、ろうそくの明かりがその横顔をほのかに照らしていた。天井から染み出た地下水の滴がぽとり、ぽとりと滴り落ち、岩肌を濡らした。大賀らは天幕を床に敷いて体を横たえた。すでに戦闘開始から十八時間が経過し、陣地内は静まりかえっていた。激しい戦闘によって大賀は疲れ切っていたが、神経はかすかな物音にも過敏になるほど研ぎ澄まされていた。

野砲が置かれた砲座の方からは時折、銃声が聞こえた。大賀は陣地内への侵入を図るソ連兵に向けて野砲隊が発砲しているのだろうと思った。兵士たちはじっと座り、運命の時を待つようにみな口を閉ざしていた。

陣地がソ連軍に包囲されていることは誰もがわかっていた。夜に入って、陣地上の監視哨はすでに放棄していた。監視哨があった辺りから不気味な振動音が断続的に続いていた。ソ連軍が鉱山用のドリルで穴を穿っているのだ。穴が陣地の天井を貫通したら、上からガソリンを流し込んで、砲撃を止めない日本兵を一気に焼き払うつもりらしかった。

大賀らは陣地から地上にそっと出て、陣地上のソ連兵を幾度となく追い払うのだが、しばらくするとソ連兵は舞い戻り掘削を再開し、その繰り返しだった。大賀らは不気味な振動音が次第に大きくなっているのに気づいた。

確実に最期の時が近づいていた(大賀手記)。

このままでは引き下がれない

ソ連軍の増援部隊は十八日午後一時頃、沖合の輸送船から続々と竹田浜に到着して、兵員や装備を陸揚げした。その最前線は、竹田浜南約一キロの台地から、武蔵哲《たどる》たちが塹壕で身構える訓練台へとじりじりと迫っていた。その一方で、日本軍の七三旅団の戦闘指揮所が置かれた大観台方面からは日本軍の歩兵部隊が前進してきた。

四嶺山における戦闘が小康状態となり、戦死した連隊長の池田に代わって指揮を執っていた伊藤力男は、残る主力の中戦車を四嶺山東の台地に集結させ、友軍の援護射撃を指示した。霧が薄れた合間にソ連軍に向けて砲弾を放った。

上空からはソ連軍の戦闘機が時折舞い降りて、機銃掃射を行ったが被害はなかった。伊藤は対空射撃の指示をして、各戦車は砲塔後部の機関銃を外して、砲塔上の銃座に装着して敵機の来襲に備えた。

十八日午後三時ごろ、突然、霧が覆う上空からソ連軍の迫撃弾が落下し始めた。「ヒュル、ヒュル」という不気味な音を立てて、戦車隊がいた場所よりもやや西側に次々に着弾した。その威力はすさまじく、土を吹き飛ばし、直径一メートルほどの穴をえぐった。発射音から察すると、豊城川の谷沿いが発射地点とみられた。迫撃弾は次々に着弾して、その数は数十発にもなった。

長島を送った小田らの戦車も本隊に合流した。小田は車内に持ち込んだ羊羹などの甘味を歩兵にも分け与えた。久しぶりの甘味を手に、ある若い歩兵は「戦車隊はこんなにいっぱい持っていいなあ」と羨んだ。

迫撃砲の攻撃がやんだ頃、ソ連軍の歩兵部隊数十人が戦車隊の目前まで迫ってきた。日ソ両軍の機関銃弾が至近距離で交錯し、ソ連兵は多くの遺体を残して撤退、日本側にも三人の死者が出た。

小田はここで、一人の戦車隊の中隊長が四嶺山にようやく到着し、午前中の戦闘に加われなかったことを悔やみ、「このままでは引き下がれない。池田連隊長に申し訳ない」と言って、周囲が懸命に引き留めるのを振り切って、右手に軍刀、左手に拳銃を握り、霧の中、ソ連軍が潜む方向へ突入したと聞いた。その中隊長とは、第五中隊長の古沢薫だった。古沢は二度と戻らなかった。

不法者膺懲の不徹底

第五方面軍が九一師団に指示した「自衛戦闘」の停止時刻の十八日午後四時を迎え、各部隊は積極的な戦闘を中止した。この停戦指示は、ソ連軍との交渉事項ではなく、大本営の判断に沿った措置だった。

四嶺山の戦場は銃声もようやく途切れて、静けさを取り戻した。戦車連隊は警戒を続けていたが、連隊長代理の伊藤は、この場所から移動せずに夜を徹することを決断し、「夜間配備に移行して、車陣を組み警戒を特に厳にすべし」と命じた。

この時点で連隊は池田のほか、指揮班長で少佐の丹生勝丈、第一中隊長船水達夫、第二中隊長宮家《みやけ》儀《はかる》、第三中隊長藤井和夫、第五中隊長古沢薫、第六中隊長小宮要という、伊藤を除く指揮官の多くを失い、戦死者数は九十七人に達し、四十数人の負傷者も出て、軽戦車・中戦車計二十一両、四両のトラックを失っていた。

車陣を組んだ戦車は二十両ほどで、それぞれ十メートルほどの間隔を開けて、対空戦闘に備える一方、その間には戦車兵が徒歩で警戒し、前方にも前哨を置いてソ連軍の夜襲に備えた。円陣の中では被弾した戦車の整備が急ピッチで進み、砲弾や機銃弾、燃料の補給もされた。救護班は、けが人の手当てを行った。

豆タンの日野宇三郎は、車長から「ゆっくり休め」と指示され、自分の九七式中戦車の下に敷物を敷いて潜り込んだ。明日十九日はソ連軍に対する総攻撃を行うと聞いていた。

日野はそれまで肌身離さず持っていた記念写真や戦車学校の卒業証書を一枚ずつ手にとって、マッチを擦って燃やし始めた。戦死した時に身元がわかるようなものを残してはならないとの戦車学校の教えを守ろうとしたのだ。写真などは五十枚ほどあった。大切にしていた父や母、家族の写真を手にした時、日野は「明日にはきっと死ぬのだろうが、お母さんやお父さんにもう一度会いたい」と切に思った。

日野は水筒の水で手ぬぐいを濡らして、顔をふいて埃と汗まみれの体をぬぐった。その横では大切な家族写真が白い灰になっていた。

ソ連軍は、突如として戦闘を止めた日本軍を見て、再び攻勢を仕掛けて、四嶺山を占領しようとした。日本兵にとっては、「停戦の合意」を無視する行動と映った。

第五方面軍司令官の樋口季一郎は後に前掲の「遺稿集」の中でこう述べている。

「この戦いは見事であった。今一歩にて敵を水際に圧迫し、小ダンケルクを顕《あら》はしたのであった。処《ところ》が大本営からは、この日『十六時』をもって［停戦の］完全徹底時刻と定められて居た。これが悲しき原因をなし、日本軍最後の戦史が、不徹底の『戦勝』を以て終止符が打たれ、勝者が敗者に武装解除されたことは、なんとも残念千万であった。（中略）私は残念ながら、十六時を以て戦闘を止めた事を知り、不法者膺懲《ようちょう》の不徹底を遺憾とした」（［　］内は相原の補足）

樋口自身は停戦をせずに徹底的にソ連軍を壊滅させるべきと考えていたことが、この文章からわかる。一方で、第五方面軍の参謀らは、師団からの戦局の報告を受けて、「これはいけない、早くやめさせるようにせよ」と指示し、師団に対して戦闘停止の命令を打電したのだった。第五方面軍首脳の中でも意見の齟齬があったことがうかがえる。

生と死を分けるもの

この頃、武蔵は約六十人の部下とともに訓練台の塹壕に身を潜ませていた。ソ連軍が竹田浜から真南に南下すれば、訓練台に至る。ソ連軍は部隊を次々に竹田浜から上陸させており、七三旅団は一個小隊では守りきれないと判断し、十八日夕、二八三大隊と武蔵の小隊と交代させた。

この偶然と、ソ連軍が訓練台に迫った前日、経験不足の武蔵に適切な助言をしてくれた歴戦のベテラン兵たちが小隊全員の命を救った。武蔵および二八三大隊第一中隊長の西川重雄の手記「独歩二八三大隊の戦闘」（前掲『会誌　戦斗小史〈一〉』）によれば、同大隊は十八日夜、夜襲をかけてきたソ連軍と激しく交戦し十九日朝までの戦闘で多数の戦死者を出した。武蔵らが守っていた塹壕もソ連軍の夜襲によって多数が戦死、武蔵と同期の小隊長も命を落とした。武蔵はもしも大観台への撤退命令がなければ自分も戦死していたに違いないと思った。

夕方からガスが濃くなった。綱嶋正己の小隊は伊藤の指示によって占守街道の道端に戦車を停止させ、周囲を警戒していた。小隊長は士官学校出ではなく、学徒出身の「特幹（特別幹部候補生)」の見習士官で、無謀に前に出ようとは決してしなかった。「命は大切」とよく口にしていた。

夜になって、小隊長は「戦車にいては危険だから待避する」と各車に指示して、綱嶋らを戦車から離れさせて、百五十メートルほど離れたハイマツの中のタコツボに避難させた。綱嶋は「士官出(陸軍士官学校卒)は前に出たがった」と振り返り、もしも小隊長が士官学校出身だったら自らの命もなかったと思っている。

近くには小田らの軽戦車もあった。小田と金谷は毛布をかぶって車内にいたが、鋼鉄の塊である戦車は気温が下がるにしたがって冷えて、車内は身震いするほどの寒さとなった。軽戦車も中戦車にも暖房装置は元々なく、エンジンを掛けると逆に車内の暖かな空気も取り込んでしまうため、車内は余計に冷えてしまう。

小田と金谷も車外へと出て、道路脇の側溝で拳銃を片手に毛布をかぶると、知らず知らずの間に眠り込んでしまった。未明からの戦闘で心身ともに疲労困憊していた。

停戦文書を信じないならば、ここで腹を切る

ソ連軍の前線司令部に連行された長島は数時間後、隊舎内で尋問を受けた。ソ連の将校た

ちは、若い長島が斥候として敵情を視察に来たと勘違いしたらしかった。通訳に対して、長島は毅然とした態度で「自分は停戦のための軍使である」と述べた。

それを聞いたソ連軍将校らはざわめいた。将校らは「軍使としての証拠を見せろ」と要求した。

ソ連兵に捕まった時に、長島が携えていた鞄は取り上げられ、その中に停戦文書を入れていた。すぐに鞄は長島の元に戻された。羊羹やタバコはなくなっていたが、雑記帳だけは残されていた。その中に停戦文書はそのまま挟まっていた。長島は「天佑神助としか思えない」と再びの奇跡に感謝した。

だが、長島を取り巻くソ連軍将校たちは納得しなかった。文書には「日本軍北千島最高司令官」という四角い判は押されていたが、司令官のサインと署名がないことが問題視された。日本にはサインの習慣がないと言っても納得しない。

長島は困り果てた。遠くからは砲声や銃声がまだ響いている。このままでは停戦の使者の役割は果たせず、無益な戦闘は長引き、双方にさらなる死傷者が出ることは目に見えていた。

ふと、脳裏に中学時代にならったラフカディオ・ハーン（小泉八雲）の文章の中に「ＨＡ

RAKIRI（腹切り）」という単語があったことを思い出した。ソ連軍将校でも「HARAKIRI」は知っているに違いない。

長島は「それほど信じないならば、ここで腹を切る」と怒鳴りつけて、真一文字に腹を切る仕草をしてみせた。その迫力に将校たちは「うーん」とうなり、ようやく納得した様子だった。奪われていた軍刀も返還された。長島は「ソ連軍は自分を軍使として認め、将校としての敬意を表したのだ」と理解した。

以降、ソ連軍の態度は丁重になった。長島にとって激動の一日はようやく終わりを告げた。

占守島が再び夜明けを迎え、十九日になった。

長島はソ連軍の上陸指揮官のアルチューヒン大佐の元へ連れて行かれた。途中の道の傍らには戦死した日ソ両軍の兵士の遺体が横たわり、あるいは背中を合わせて互いに寄りかかるようにしてあった。そうでもしないと、狭い道をジープなどが通るときに遺体を踏みつけてしまうからだった。竹田浜の橋頭堡にいたアルチューヒン大佐の元に到着したのは、日本時間の午前八時か九時ごろだった。

ソ連軍の通訳はウラジオストクで日本語を学んだという若い兵士だが、日本語は稚拙だった。長島は英語を交えて、大佐に停戦文書を渡すために来たことを伝え、堤不夾貴《ふさき》師団長からの停戦文書を手渡した。大柄な大佐は指揮官だけに立派な人物だった。

「君は二十四歳で大尉か。私にも同年の息子がいるがまだ陸軍少尉だ。日本軍は昇進が早いのだな」。雑談しながら大佐は笑顔で語った。

ソ連軍は停戦交渉に応じることを承諾して、師団幹部との面会を求めて、旅団本部に戻る長島に将校と護衛ら六人を派遣した。

停戦か、斬り込み敵中突破か

戦車第十一連隊の残存戦車隊は四嶺山の山麓で朝を迎えた。

前日の戦闘開始前、池田から幌筵海峡に面した長崎や太平洋に面した蔭ノ澗への敵上陸の備えを任され、残留していた高石長四郎は、敵上陸の気配がないため、十八日夜に大観台に到着し、十九日朝、連隊とようやく合流できた。前日から満足な食事もとっていなかった戦車兵たちに朝食を配り、不足していた燃料や弾薬も補給した。

連隊の将兵は池田らの弔い合戦を期していた。伊藤と高石は、血気に逸る将兵をどうなだめるか、苦慮していた。すでに、師団命令の戦闘終結時刻の十八日午後四時はとうに過ぎ、両軍の停戦交渉が始まると旅団本部で聞いていたからだ。

「四嶺山のソ連軍陣地より白旗を掲げて、軍使らしきものが来ます」。警戒を続けていた前線の兵士が報告に来た。高石と伊藤は、先発のソ連軍軍使に対して身振り手振りで、日本軍の軍使がもうすぐここに来るので待つようにと伝えた（『戦車第十一連隊史』）。

国端崎陣地周辺の戦闘は散発的となっていたが、十九日の夜明けになると、再びソ連軍が陣地をうかがい始めていた。竹田浜を向いた野砲の砲門近くには四、五人のソ連兵が現れて中を覗き込んだ。

野砲はいつでも発射できるように砲弾を込め、速応はいったん「撃て」の号令をかけたが、ソ連兵はその声に驚いて姿を消した。ところが三十分ほどすると、またも砲門近くに姿を見せ始めた。速応らは無言のまま目で合図して、いきなり弾を放った。轟音とともに破裂した砲弾は無数の破片となって、前方にいたソ連兵を吹き飛ばした。以来、あまりにも危険な偵察を行おうとするソ連兵はいなくなった。

完全に夜が明けると、ソ連兵たちは日本軍が竹田浜に隠しておいた航空燃料のドラム缶を崖の上からロープで降ろして砲門近くに置いた。これに砲弾を命中させて引火させ、陣地内を一気に焼き払おうと目論んでいることは明白だった。

速応と野呂らは相談して、陣地内から逆にドラム缶を小銃で狙い撃って穴を穿ち、燃料を流出させるしかないと判断した。もちろん、燃えだす危険性もないではなかったが、それは賭けだった。軍曹の山畑はドラム缶にそっと近づき、ピタリと照準を重ねて撃った。幸い燃料は引火せずにドラム缶から流れ出し、速応らは胸をなでおろした（野呂前掲書）。

大賀の手記によると、守備隊は今後の方針を以下のように定めた。このままではただ死を待つだけであり、夜陰に紛れて陣地を脱出して敵陣に斬り込み、敵中を突破して友軍と合流する。無事にたどり着いた者は国端崎の状況を伝えることも確認した。

備蓄してあった乾パンを水で流し込み、同士討ちを避けるための合図も決めた。各員はそれぞれ小銃弾六発と自決用の手榴弾一発を受け取った。静かだった壕内は急に慌ただしくなった。出撃の準備が終わると、元の静けさが戻り、洞窟陣地内は張りつめた空気に変わった。

即時武装解除は認めない

ソ連軍陣地には九一師団が長島に続いて派遣した七三旅団司令部付大尉の山田秀雄らが

到着し、指揮官アルチューヒンとの面会に成功した。停戦交渉はこの日午後三時から、竹田浜で行われることになった。

師団長の堤は自らの代理として七三旅団長の杉野と参謀長の柳岡武、第一砲兵隊長の加瀬《かせ》谷陸男《がいむつお》らを派遣し、長島も同行することになった。日ソ両軍とも通訳を付けることになった。

杉野らが竹田浜に到着すると、沖合のソ連軍艦艇から小型艇が現れて、浜に向かってきた。大きな肩章が付いた軍服の一団が浜に上陸してきた。精悍な顔つきをした小柄の軍人が上陸作戦指揮官のグネチコ少将、がっちりとしたジャーコフ師団長、ウォノフ海軍参謀長らだった。

数多くのソ連兵の遺体が横たわる浜で、立ったままの停戦交渉が始まった。停戦と日本軍の武装解除が焦点だった。

杉野が口火を切って、現在、両軍が対峙している現状のラインで停戦することを提案した。ソ連軍は停戦と同時の即時武装解除、さらに日本軍の戦車を後退させることも求めた。杉野は四嶺山で煙を立ち上らせている戦車はすでに擱座して動けないことを伝えた。

杉野らはソ連側の要求を受け入れることにして、堤の元に戻ってきた。しかし、堤は停戦については承知するが、即時武装解除は認めなかった。いったん武装解除に応じてしまった後、万一、ソ連軍が攻めてきたらどうしようもない。満洲で日本人居留民がソ連軍によって命を奪われたのも関東軍が即時武装解除に応じたためだった。

堤はあくまで停戦を結び、その後に武装解除する方針だった。この堤の考えは第五方面軍の樋口の意向を受けたものだった。

このため、柳岡と長島は翌二十日、再びソ連軍と再交渉をすることとなった。ソ連軍は、一度停戦と即時武装解除を合意しながらも日本側が一方的に約束を反古にする背信的行為と受け取った。

「皆はまことに勇敢によく戦った」

竹田浜でのこの第一回停戦交渉時、ソ連軍は抵抗を続ける国端崎陣地の砲の種類や数、兵員などの数を何度も尋ねた上、砲撃中止と守備隊の投降も求めた。

加瀬谷はソ連軍将校とともに竹田浜を見下ろす国端崎陣地へと向かった。陣地下の対戦車壕に立ち、「加瀬谷だ。速応少尉、戦争は終わったから出てこい」と何度も声を張り上げ、陣地内でもそのかすかな声を聞きとめた。

「部隊長と名乗っているぞ」

野呂らが陣地のわずかな隙間から外をのぞいて見ると、確かに陣地の下に加瀬谷らしき人とソ連軍将校が並び立ち、ソ連軍将校の手には白旗が握られていた。

「あれは謀略に違いない。小隊長、出て行ってはなりません」という者がいた。野呂も「行くべきではありません」と速応を押しとどめた。昨日には守備隊の航空情報班がソ連兵に捕えられ、銃殺される悲劇が起きたばかりだった。

だが、速応は「部隊長が言うからは行かざるを得ない」と陣地から外へと出た。仕方なく野呂も後に続いた。

守備隊は順次、ソ連兵によって小銃を取り上げられて武装解除された。中には時計や眼鏡まで奪われた者もいた。速応らに続いて、速射砲小隊の大賀らも小銃を片手に外へ出た。擬装網を片手で開いて外へ出た途端、大賀も小銃をひったくられた。一昼夜以上、薄暗い洞窟陣地に慣れた目には、野外はまぶしくて周囲が見えず、事情がよくつかめなかった。ただ、「抵抗はするな」という速応の声だけは聞きとれた。

加瀬谷は、陣地から出た速応ら野砲隊員らを集め「命により停戦する」と命じ、速応が戦闘状況を報告した。軍曹の山本栄四郎は、最後まで砲撃を続けた野砲の先から手榴弾を落として爆破し、使用できないようにしてから陣地を出た。

野呂らは戦闘開始から二日間、ソ連軍の猛攻にも陥落しなかった国端崎陣地を見つめた。陣地内に置かれていた遺体は野砲の砲座前に安置され、守備隊長の片桐は合掌しながら「これでもう戦死者を出さないで済む」と思った。加瀬谷は片桐ら約百人の守備隊を残して旅団本部へと戻った。

速応は、野呂や大賀を前に「大命により降伏することになった。皆はまことに勇敢によく戦った。自分は満足である。この上は無益な戦いを避け、元気な体をもって故郷に帰り祖国再建のために役立ってほしい」と涙声で訓示した。大賀らは初めて敗戦を実感した。涙が止まらず戦友同士が肩を抱き合って泣いた。

国端崎守備隊員たちは、陣地下の対戦車壕の中や兵舎の前庭に座らされ、監視のソ連兵と言葉も通じない中で一晩をすごした。夜半に豊城川の方から現れた人影にソ連兵が発砲して大騒ぎになった。しばらくしてソ連兵が遺体を引きずっていった。味方のソ連兵を日本兵と見誤ったのだった。異様な緊張感が漂っていた（大賀手記）。

ソ連軍は二時間と持ちこたえられなかっただろう

堤の命を受けて、師団参謀長の柳岡と長島は二十日、再びソ連軍との再交渉のため竹田浜を目指した。手には堤がしたためた声明文のロシア語訳があった。

「予は上司より、八月十八日一六時現在の戦線において、先づ彼我共に停戦し武器引渡しの交渉をなすべく、敵にして依然進攻するにおいては自衛の為《ため》戦闘を行なふべき命令を受け居れり。よって、爾今貴方において苟《いやしく》も戦闘行動に出づる事あらんか、予は断乎として貴軍を撃滅すべき事を厳粛に声明するものなり」（前掲『戦史叢書　北東方面陸軍作戦〈二〉』）

前日に竹田浜で交わした停戦合意は破棄して、あらためて現状での停戦としてから武器の引き渡し交渉を行うことと、今後もソ連軍の攻撃があるようなことがあれば、ソ連軍を必ず撃滅するという方針を明示していた。

竹田浜には先日対応したグネチコらは現れず、ソ連軍将校は柳岡からロシア語に翻訳された声明文を手に取って目を通すと「われわれが要求する停戦即時武装解除の方針を変えることはできない。これ以上、交渉をする必要はない」と言い、昨日に片岡沖でソ連艦艇が日本軍から砲撃を受けたことを非難した。ソ連軍は、日本軍が停戦交渉をする一方で戦闘行動を続けていると不信感を抱いた。

将校は通訳に対して、戻ってソ連軍の不満を伝えるように指示し、柳岡と長島の身柄を拘束した。柳岡と長島は天幕の中で軟禁された。ほとんど二日間、寝ていなかった長島は体を横たえた。「ソ連軍の陣地内にいるのだから攻撃されることもあるまい」と思い、深い眠りに落ちた。

当初、九一師団は十八日中に主力を占守島に移し、ソ連軍を水際に撃滅する方針だった。だが、同日昼頃に札幌の第五方面軍から戦闘停止の命令が届き、長島を軍使として派遣して停戦交渉を進めた。だが、散発的な戦闘は各地で続いていた。

九一師団としては、二十日の日没の時点でもソ連軍に派遣していた参謀長の柳岡と長島が戻らず、偵察の結果、ソ連軍が大観台の北方に展開を終えたと判断した。このまま本格的な戦闘が再開されれば、大観台の七三旅団が危機的な状況に陥る恐れがあった。

このため、二十日午後七時、大観台の七三旅団や戦車第十一連隊など各部隊に対して、「明二十一日〇六〇〇攻撃を再開する、各隊は明朝〇五〇〇までに攻撃準備を完了待機すべし」と命令した。

戦車隊は弔い合戦に向けて、出撃態勢を整えた。小田も二十一日午前六時から総攻撃と聞いた。歩兵部隊の態勢も整い、弾薬や燃料も十分にあった。小田や綱嶋も覚悟を決めて、それぞれの戦車で出撃の準備を進めた。一方のソ連軍は補給もなく、すでに総員八千八百人の約三割に相当する三千人が死傷していた。戦闘が再開されていたとしたら、「ソ連軍は二時間と持ちこたえられなかっただろう」と小田は振り返る。

総攻撃命令の後の停戦命令

占守島攻略部隊の司令官グネチコから、戦況が日本軍の激しい抵抗によって苦戦を強いられているとの報告は極東総司令官ワシレフスキーのもとに届いた。占守島を一日で占領、北千島を確保するという構想はとっくに崩れていた。

十九日にワシレフスキーは満洲の関東軍参謀と会い、「北東方面（北千島、南樺太）」の戦闘が終結していないことに心を痛め、戦闘を速やかに終結するように斡旋してほしいと要請した。仮に「自衛」の名を借りた戦闘が続けば、占領下にある関東軍兵士に危害を加えることになるとも警告した。

スターリンから北海道上陸作戦をひそかに指示されているワシレフスキーにとって、その前段階の作戦である北千島と南樺太の占領が遅れていることは、最終目標である北海道北部の占領作戦に支障が出ることを意味していた。

大本営は、関東軍から連絡を受けて、札幌の第五方面軍に対して「即時停戦と武装解除」を指示した。この命令は二十日に第五方面軍から九一師団にももたらされた。師団はソ連軍と対峙する各部隊への総攻撃命令を出した後、方面軍からの停戦命令を受けた。竹田浜近くのソ連軍戦闘指揮所に軟禁されていた長島は二十日朝、柳岡に揺り動かされて起きた。柳岡は「お前は豪胆だなあ。おれなんて一睡もできなかったよ」と呆れた。柳岡と長島はソ連軍将校とともにジープで大観台の旅団司令部まで戻り、師団長の堤に電話で報告した。

堤の元にはすでに第五方面軍から即時停戦と武器引き渡しを認めるとの命令書が届いていた。堤はソ連軍将校に停戦と即時の武装解除に応じることを伝え、すべての部隊に一切の戦闘停止を命じた。

「攻撃止めー。攻撃止めー」

二十一日午前六時直前、四嶺山の山麓に大声が響いた。小田は、軽戦車のエンジンを始動させて、残る戦車隊とともに、いざ出撃しようとしていた時、その声を耳にした。小田は、すでに機関銃の槓桿を引いて、引き金を引きさえすれば、銃弾が発射できる態勢だった。腕時計を確認すると、攻撃開始午前六時の五分前だった。

「今度こそ死ぬだろう」と覚悟していた小田は、土壇場での攻撃中止の命令に、「助かった」と思い、その両目からはぼろぼろと涙があふれ出た。

“戦闘中の捕虜”という扱い

二十一日朝の時点でも国端崎守備隊の速応や大賀らは、自動小銃を持つソ連兵に監視されていた。その指は引き金に掛けたままで、ちょっとでも変な動きをしたら撃たれるとわかっていた。

昼近くになってようやく、この日初めての食事が配られた。日本軍が残した乾パン三個ずつが手のひらの上に載せられた。のどが渇いた大賀は、ロシア語がまったくわからなかったため、ジェスチャーで水を飲む真似をした。すると、ソ連兵は「オゥー。ワダー（水）」と言い、空き缶に入れた水を持ってきてくれた。これが初めて知ったロシア語となった。

夕方になると、ソ連軍機が飛来した。両翼には赤い星が描かれているのに、ソ連軍は日本軍機と見誤り、一斉に機関銃などの対空砲火を見舞ってしまい、一機は火を噴いて占守海峡に突っ込み、大きな水煙を上げ、もう一機はロパトカ岬の方向へ逃げ去った。

国端崎守備隊はソ連兵の監視下でもう一晩、野宿した後、竹田浜へと向かった。部隊長の加瀬谷を待ったが、結局、迎えは来なかった（大賀手記）。

竹田浜は激戦の跡が生々しく、焼け焦げたソ連兵の遺体があちこちに転がり、上着が波ではぎとられ、白い肌をさらした遺体もあった。焼け焦げた舟艇の残骸が浜に乗り上げ、大型舟艇の中にはいまだにメラメラと小さな炎を上げたり、半分沈んだ舟もあった。

　これらの惨状は国端崎などの砲兵部隊による攻撃によるものであることは明らかだった。口には出さなかったが、野呂は自分たちが挙げた戦果の大きさを自らの目で確かめて留飲を下げた（野呂前掲書）。

　野呂ら国端崎守備隊と四嶺山でソ連軍に投降した工兵隊などを合わせた計百四十人は、はしけで沖合の輸送船に向かった。速応らは戦闘中の捕虜という扱いとなり、停戦後に武装解除された他の部隊とは待遇が違うことをこの時まだ知らなかった。戦闘中の捕虜に対する待遇は、武装解除された兵よりもさらに悪く、野呂らはカムチャツカ半島の零下三十度にもなる極寒の中で、過酷なテント生活を強いられることになった。

武装解除

二十二日正午、堤は長島や通訳とともに占守島片岡の沖合に停泊するソ連警備艦「キーロフ」に赴き、士官食堂で降伏文書に調印した。続く両軍首脳の会食の席で、ソ連軍の上陸作戦司令官グネチコは長島の方を向いて、

「千島のゲロイ（英雄）」と、その勇気ある行動と自己犠牲の精神をたたえた。日本軍の武装解除は当初は二十二日の予定だったが、一日延期されて二十三日、占守島の中央部の三好野飛行場で行われることが決まった。

グネチコはモスクワに連絡をして、「真正なるソ連の島が祖国に復帰しました」と報告した。

占守島に展開する九一師団の各部隊は、弾薬を集め、兵器を整理して同飛行場へと運んだ。戦車第十一連隊には、残る戦車三十七両とトラック三十八両、小銃などの兵器があった。三好野飛行場は集められた各部隊の砲や弾薬などが山積みにされた。

正午前、雨が降りしきる中、占守島防衛の指揮を執っていた七三旅団の杉野巌少将が現地に到着、約一万三千人の将兵が並ぶ中、蒼白な面持ちで入場して、全将兵に最後の別れの閲兵を行った。全将兵が南西の皇居を拝して君が代を斉唱した。

続いてソ連軍指揮官のグネチコ少将らが入場、杉野旅団長と握手をして武装解除は終わった。

この日、モスクワのスターリンは、ソ連占領下の日本軍将兵の運命を変える指令を出した。「日本人捕虜五十万人をソ連に移送して強制労働に従事させよ」。後に「シベリア抑留」

と呼ばれた。

無論、九一師団の将兵は知らず、日本へ帰れるものだと思い込んでいた。

隼、北海道に帰投せず

片岡基地では十九日午後になり「出撃停止」の命令を師団から受領した。ソ連軍上陸部隊を攻撃した九七艦攻や隼、搭乗員たちを北海道へと逃がしたいという思いは同基地全員の願いだった。

陸軍の第五四戦隊では、副官の岩瀬が、搭乗員の池野、入江、森永を北海道へ脱出させることを決めた。戦闘開始からソ連軍を再三攻撃してきた三人をソ連軍が許すとは思えず、むざむざ、隼をソ連軍に引き渡すこともしたくはなかった。ソ連軍の対空射撃によって何カ所も被弾していた隼三機には応急修理がなされ、両翼の補助タンクも燃料を満載にした。

武装解除前、入江と森永の隼は、岩瀬ら残る基地部隊の見送りを受けて片岡飛行場を相次いで離陸した。だが、池野だけが隼に乗り込もうとしなかった。

「なぜ貴様は乗らないのだ」

怒鳴る岩瀬に対して、池野は「自分は副官とともに残ります」と言って、ついに乗り込まなかった。岩瀬は「ああ、俺と一緒に残ると言ってくれる奴がいたとは」と感激した。岩瀬は、下士官の池野は捕虜となれば、士官とは同じ待遇を受けないはずと考え、池野の軍服を脱がせて、将校のものに着替えさせ、部隊全員を呼んで箝口令を布《し》き、搭乗員であることを絶対伏せるように指示した（前掲の岩瀬インタビュー）。

海軍の北東航空隊を指揮する喜多も、自分以外の残る搭乗員を北海道へと脱出させることにした。喜多の手記では二十日午前六時、二機の九七艦攻を野口と岸本に操縦させて、ほかに三人ずつを何とか乗せた。しかし、航空図はすでにほかの機密書類とともに焼却してしまっていた。二機は濃霧の中、千島列島に沿って南下し、偶然に択捉島上空で霧が晴れてかろうじて北海道にたどり着いた。

しかし、入江、森永の隼の二機は北海道へ戻ることはできなかった。海軍機は日ごろから洋上飛行の訓練もされ、航空機が飛ぶ方向や速度から自らの位置を割り出す役割の搭乗員もいる艦攻と、もともと洋上飛行には不慣れだった陸軍機との違いかもしれなかった。

第五四戦隊の元整備兵黒羽実によると、入江機は行方不明となった。森永機はオホーツク海を越えて、樺太（サハリン）まで飛び、北緯五十度の日ソ国境線近くの海岸線に不時着した。幌筵島西端が北緯五十度線のため、真西に飛んだことになる。運よく森永は現地の邦人に助けられ、搭乗員という身分を隠して一般人に紛れて樺太からの脱出に成功し、約一カ月後に稚内経由で札幌へと戻った。

第五四戦隊本隊が終戦の残務処理をしていた札幌の丘珠基地では、片岡基地に残る残留部隊のことを心配しながら残る隼を焼却するなどの残務処理を続けていた。北海道に無事帰り着いたとの森永からの電話に基地は喜びで沸き返った。

後日談がある。

終戦からほぼ半世紀後の一九九三年、米国人の軍用機マニアが占守と幌筵島から隼の残骸四機分を回収した。隼の回収地点を示すとみられる地図の○印には、片岡基地、幌筵島北の台飛行場、幌筵島南端の武蔵飛行場の場所が示されていた。つまり、回収された隼は終戦直後の隊員の証言などから考えて、一機はそのまま片岡基地に残された池野機の可能性が高い。

隼を回収した米国人は、隼の残骸を分解して、エンジンをのぞいてすべての部品を新造し、飛行可能な一機を含めて四機を完成させた。その迷彩は第五四戦隊のもので、尾翼には部隊のシンボルである黄色の折り鶴が描かれた。黄色は第二中隊の色であった。再生された隼はいまも北米の空を飛んでいる（藤森篤著・撮影『いまも飛ぶ第2次大戦――世界の主力戦闘機図鑑』椎《えい》出版社、二〇一〇年）。

ソ連兵の家族写真

武装解除した九一師団は、ソ連軍の許可を得て戦場整理を始めた。戦場整理とは戦場に残る遺体を回収して葬ることを指す。戦車第十一連隊で連隊長代理となった高石は、十八日の戦闘開始前に、連隊長の池田から「戦場整理を頼む」と託されていた。四嶺山や竹田浜周辺には数多くの日本兵の遺体が残されているはずだった。

戦場整理は九月上旬から何度かにわけて実施され、数多くの戦車と戦車兵の遺体が残る四嶺山周辺は将校が担当することになった。一般兵に任せるとそのあまりに無残な様からソ連軍への敵愾心が再び燃える上がることを師団本部は恐れた。

小田は別の兵隊と二人で、武蔵らが守っていた訓練台で日本兵の遺体を探して歩いていた。草の中に一頭の馬が横たわって死んでいた。その腹は内部のガスが膨張して、異様に膨らんでいた。近くの草むらを見渡すと、一体の遺体が横たわっているのに気がついた。軍服からソ連兵に間違いなかった。

「あれっ。ロスケが死んでいやがる。この野郎、攻めてきやがって」

小田らは悪態をつきながらさっそく近づいた。日本軍の武装解除が終わり、戦場整理に目途が付けば帰国と聞いていた。小田は「何か戦場の記念になるものがあればもらっていこう」と内心思っていた。

ソ連兵は四嶺山の方を向いて右半身を下にして倒れ、左手を伸ばして、その手の先には何かを握っていた。よく顔を見ると顔中無精ひげの中年男で、軍服は泥だらけだった。

「この野郎。何をもっていやがる」

小田が手を伸ばして確かめると、それは黒い手帳だった。小田の指先が触れた拍子に手帳が地面に落ちて、手の中には一枚の小さな写真だけが残った。小田が手にしてよく見ると家族写真だった。

海軍士官の軍服姿の男が右に立っていた。死んだ本人だった。左端にはマリア様のような美しいロシア人女性がつつましい笑顔を浮かべて並び、真ん中には四歳ぐらいの男の子がいた。男性と同じ凛々しい海軍の軍服姿で、腰からは小さな短剣を下げていた。

小田は、女性は妻で家族写真に違いないと確信した。その背景に置かれた調度品からどこかの写真館で撮影したものだろう。そこにはある家族の幸せな暮らしがあった。

この家族写真を見たとき、小田は雷に打たれたような衝撃を感じた。

「こんな美しい奥さんとかわいい子供を残して、この男はなぜ死ななければならないのか。とっくに戦争は終わっているはずなのに」

小田の目に涙がにじんだ。

あらためて近くを見渡すと、男の傍らには革財布が落ちていてソ連のコインが数枚転がっていた。このソ連軍将校は死を目前にして、もう一度だけ妻や子供の姿を見たいと胸ポケットの手帳を取り出そうとしたのではないか。その時に一緒に財布も落ちたのだろう。その証拠に軍服の胸のボタンが外れていた。

何かを盗んでやろうといった不心得な思いは消え失せ、小田はその写真を手帳に再びはさんで、コインも拾い集めて財布に入れた。そして、小田は手帳と財布を将校の軍服の内ポケットに納めて、胸のボタンを締めてやった。もう二度と大切な宝物を落とさないようにと。

不思議なことに小田の占守島の記憶はほとんどが白黒の単調なものなのだが、この家族写真を見たときの光景だけは戦後七十年を経てもカラーでよみがえった。

生きて苦しめるよりも本人のためなんです

豆タンの綱嶋も戦場整理に加わった。

第四中隊の大和橋の兵舎に戻り、「ようやく戦争が終わった」とリラックスしていた。柏原から応援に来た歩兵部隊と衛生兵が負傷者の治療を行うとともに日本兵の遺体を集めていた。

衛生兵から「遺体搬送のためにトラックを出してほしい」という要請が来た。「若いやつがいけ」と、綱嶋が行くことになった。トラックや自動車の運転ができる者は当時少なかった。綱嶋は少年戦車兵学校でトラックの運転も習っていた。迎えに来たトラックに同乗して、大和橋の兵舎を午前九時ごろに出発して、国端崎方面へ七キロほど占守街道を進んだ。

すると、道路脇に、日本兵の戦死者や重傷の兵士が横たわっていた。うなって苦しんでいたり、口から胃袋が飛び出して苦悶の表情を浮かべる兵士もいた。この兵士はほかには傷らしいものがなく、同行の衛生兵は「四嶺山では高射砲を水平射撃したのだが、高射砲は初速が早いので、弾道の真下は一瞬真空状態に近くなり、付近にいると内臓が飛び出してしまうのだ」と説明した。綱嶋は深い海の魚が吊り上げられて海面近くまで来ると、浮き袋が口から外へ出てしまうのと同じ現象だろうと理解した。

銃弾で負傷した兵隊の治療も見た。脇腹から入った射入口は豆粒大だが、背中の射出口はザクロのようだった。しかし、治療の薬などはなく、衛生兵はせいぜい赤チンを塗って大きな絆創膏を貼るぐらいしかできなかった。死体やけが人はすべて日本兵の歩兵で、戦車兵はいなかった。

五、六人の歩兵が、日本兵の遺体や負傷兵をトラックの荷台に積み込んでいった。綱嶋はその様子を近くで見ていた。下には遺体、上には重傷の兵を横たえ、一台について二十二、三人ぐらいになった。作業を終えると指揮官らしい兵隊が綱嶋に「頼みます」と言い、誘導役の前のトラックの後を追うように、綱嶋は遺体と重傷兵を乗せたトラックを発進させた。

トラックは占守街道から左折して脇道に入り、オホーツク海方向へと向かった。四、五キロ先の小高い場所でトラックを止めて、先導車の助手席に乗り移り、再び街道まで戻り、遺体を載せた別のトラックを運転して、再び先ほどの場所まで戻った。それを三回繰り返し、合わせて約七十人余りの日本兵を運んだ。綱嶋が迎えのトラックの助手席で作業を見ていると、四、五人の衛生兵たちは、トラックのガソリンタンクの栓を開いて、ガソリンを周辺の地面に撒き始めた。

綱嶋は、荷台に載せた負傷兵のうめき声を聞いていたので、思わず「まだ息がある兵隊がいます」と顔色を変えて、一緒に作業を見つめていた衛生兵の顔を見た。

その衛生兵は「もう助からない。このまま生きて苦しめるよりも、本人のためなんです」

と言った。別の衛生兵がガソリンに着火し、炎が一気にトラックを包んだ。その光景を見ても綱嶋には、「かわいそうに」とか「むごい」とかいった感情が湧かなかった。十八日からの戦闘で見てきた悲惨な光景に、人間本来の感覚は麻痺していた。

四嶺山での遺体回収

激戦地である四嶺山での遺体回収はなかなかソ連軍の許可がでなかった。許可が出た時はすでに秋が深まっていた。『戦車第十一連隊史』には、遺体回収時の様子が生々しく記録されている。

「戦闘後既に二ヶ月を経ており、一部作業大隊により仮埋葬された遺体の収容は発見・識別共に大変な困難を伴った。遺体は四嶺山の二峰を中心に榛木《ハンノキ》、這松《はいまつ》の生い茂る小丘陵、小川、戦車壕等に散在しており、彼我混戦乱闘の跡を物語っていた。擱挫された愛車を中心に白兵戦の末、相重なって死せるあり、敵を追って遥かに離れて斬り死にせるあり、炎上せる戦車内に生けるが如く砲身に縋《すが》るあり、操縦席に転把《てんぱ》を握りたる儘《まま》伏せるあり、脱出不能と悟り互いに拳銃にて撃ち合って自決するあり、骨灰となりて横たわるあり、それは正に死して尚国を護ろうとする鬼気人を襲い凄絶の二字で表現する他ない状態であった」

豆タンの日野も四嶺山の戦場整理へと出向いた。トーチカに上半身を突っ込んで死んでいるソ連兵の遺体もあれば、日本軍の戦車のキャタピラに巻き込まれたまま横たわるソ連兵もいた。戦場はあの日のままだった。

一両の戦車に日野は入った。外から手榴弾が投げ込まれたようで、砲手とみられる日本兵は頭半分が吹き飛ばされていた。日野は遺体を下から持ち上げて、天蓋から手を伸ばす仲間に引きあげてもらおうとした。頭が揺れた弾みで、脳みそが転げ落ちそうになった。日野はとっさに片手で脳を受け止めて頭蓋へと戻し、包帯を巻いた。

収容に同行したソ連兵はロシア語で「ダワイ、ダワイ（早く、早く）」とせかした。戦車隊員たちは池田連隊長ら戦死した全隊員の親指を切り、首から下げた認識票などで氏名を確認した。しかし、丁寧に埋葬する余裕はなく、戦車の傍らに遺体に横たえてわずかに土を盛るのが精いっぱいだった。近くで摘んだ野の花を供えて手を合わせた。隊舎に持ち帰った指は空き缶に油を入れて燃やして骨にし、それぞれの氏名を書き込み安置した。

武蔵も戦場整理に加わった。四嶺山北側で、日本兵とソ連兵の遺体を分けて三、四人分を集めて土饅頭を作った。その総数は五十から七十人ぐらいだった。これはあくまで仮埋葬で、後に国籍がわかるようにと、日本兵には鉄かぶと、ソ連兵には革製の戦闘帽をかぶせた。だが、一カ月後、同じ場所に行ってみると、土饅頭はなくなっていた。武蔵はソ連軍が重機などを使って移動させたのではと想像する。それらの遺体がいまもどこにあるのかはわかっていない。

日本兵、ソ連兵の死傷者数

小泊岬の速射砲小隊長の月舘健治の前掲手記によると、月舘も戦場整理のため、関根文男分隊長ら八人全員が戦死した竹田浜の竹田岬陣地へと向かった。陣地は崩れて、中にあった弾薬や砲弾が爆発したようで、陣地内には真っ黒に焼け焦げた遺体が折り重なり、見ただけでは戦死者が誰かはわからなかった。軍服の中から身元が確認できるような物がないかを調べ、首から下げた認識番号を確認し、わずかに残る遺体の容姿から判断して、それぞれの指を切断して名前を付けて遺骨とした、とある。

手記には、終戦の八月十五日直後の竹田岬陣地の八人の様子がこう記されている。

「関根［文男］君［伍長］は、八月十五日日本の敗戦を知ったとき、一晩中くやしがって泣いていた。翌日眼をはらして無口でいた。元気を出すよう話したことを覚えている。（中略）江部［忠作］君［伍長］、東［七男］君［兵長］も、関根君に似た、極めてまじめな、短剣術などでは中隊で最も優秀な人だった。田川〔正之、上等兵〕、古村〔五三郎、同〕、吉本〔清治、同〕、堀内〔義一、同〕君達は、年齢は三十前後で妻子のある召集兵だった。八月十五日以後占守の戦いが始まる前、（中略）吉本君だったか堀内君だったかが、『小隊長殿、自分は昨晩家に帰って皆に逢って来たから、もう思いのこすことは無いです。』と言ったら、そばにいた召集兵の皆が異口同音に俺も会って来たと言っていたことを覚えている。まことに奇しきことである。坂野〔義雄〕君〔同〕は初年兵（現役）だった。漸く軍隊に慣れかけてきたところで戦闘が始まり、直ぐ戦死されたのだから、本当に気の毒である」（〔 〕内は相原の補足）

占守島における十八日からの戦死者は、戦後まとめられた日本の戦友会や厚労省、北海道庁の調査によると日本兵は約三百七十人、ソ連兵の死傷者は推定約三千人（ソ連側の記録では日本兵千十八人、ソ連兵千五百六十七人）に達した。

ソ連のイズベスチヤ紙は「占守島の戦いは、満洲、朝鮮における戦闘よりもはるかに被害が甚大であった。八月十九日はソ連人民の悲しみの日である」と記した。

ソ連軍将校は激戦で疲弊していた

ソ連軍との停戦交渉の軍使となった長島は、停戦と日本軍の武装解除後、水先案内人としてソ連軍の掃海艇に同乗して、幌筵島から北千島の各島の武装解除に向かい、温禰古丹《おんねこたん》、春牟古丹《はりむこたん》、捨子古丹《しやすこたん》の三島を三泊四日の日程で回った。これらの島々は、占守と幌筵島に侵攻したソ連軍の当初からの占領目標であった。

途中、掃海艇の船内にけたたましい空襲警報が鳴り響いた。長島が艦橋に出向くと、艦長は「米軍機だ」と言った。長島が「米軍はソ連の友軍ではないか」と質すと、艦長は「今後は日本と握手をして、米軍を叩くのだ」と言い、握手を求めてきた。

中部千島に位置する松輪《まつわ》島は、日本軍の拠点であり、北千島と並ぶ「千島の要衝」とされた。戦車第十一連隊から抽出された一個中隊も駐屯していた。南隣の羅処和《らしよわ》島と合わせて、約四千人の日本軍将兵がいた。千島列島の多くは火山島のため平地が少ない。松輪島には今も噴火活動を続ける活火山芙蓉《ふよう》山（一千四百九十六メートル）があるが、北側山麓は平地が広がり、飛行場があった。日本軍は米軍が島を占領後、ここを拠点に日本本土を空襲する可能性があるとみていた。Ｂ29の航続距離からすると、松輪島を基地にすれば、北海道など東日本はその行動半径にすっぽりと入っており、幾度となく米艦隊による艦砲射撃を受けていた。

松輪島と得撫島《うるっぷ》の武装解除には、九一師団参謀の水津《すいづ》満が当たった。松輪島守備隊の玉井俊輔が残した手記「松輪島の記録　ある赤軍将校の友情」（防衛省防衛研究所蔵）によると、占守島における武装解除と同じ日の八月二十三日昼、マストに白旗を掲げたソ連軍の砲艦が現れ、ソ連軍将校が上陸して、島はソ連軍の統治下に入った。

「上陸してきたソ連軍将校は北千島の激戦の跡が生々しく、どの顔も険しかった。粗末な軍服はひどく汚れていた」と玉井は記す。

「ニズナイユ（知らない）」

玉井の同手記には興味深い記述がある。

玉井はソ連軍との窓口となり、業務折衝を行った。ソ連軍の交渉相手はシャイドロフ上級中尉といった。約四十日におよぶ混住と折衝で、二人は通訳が残した二百余りの日露単語表と身振り手振りを交えて交渉を行い、互いにその人間性を尊敬し、認め合った。

守備隊全員が島を離れる日が迫り、このまま日本へ戻れるのかが日本軍守備隊の最大の関心事だった。ソ連軍の将校らは口ぐちに「ダモイ（帰国だ）」「トウキョウだ」と言っていたが、玉井にはどうしても納得できなかった。玉井は満を持してシャイドロフに「本当に帰国できるのか」と尋ねた。

シャイドロフはしばし黙っていたが、やがて肩をすくめて「ニズナイユ（知らない）」とぽつりと言った。そして真剣な表情で玉井を刺すような視線で見つめた。玉井はその眼光に「帰国」は偽りであると悟った。

日本軍の本部に戻ると、玉井は離島時における装備について部隊長に進言した。

「全員が防寒帽、防寒下着、外套、防寒靴、のほか必ず各自一枚の毛布を持参することにしましょう」

それは酷寒地用の完全装備を意味していた。

島を出発する日、玉井はシャイドロフと固く別離の握手をした。温かい手を通して胸にしみて来るものがあった。玉井の不安は的中した。後に酷寒のシベリアに抑留されて、厳寒用の装備がどれほど松輪島の将兵を救ったか分からない。満洲から来た将兵の中には、終戦時の夏服のままでソ連軍からの支給もない中、酷寒に命を落とした者も数多くいたのだ。

運命の十日間

なぜ、ソ連の指導者スターリンは強引に北千島侵攻を命じたのか。「戦略的な要衝である北千島を確実に確保したかった」「日本軍の反撃を軽く見ていた」「ソ連軍内の連絡の不徹底」など諸説があるが、ひとつの有力な説は、ソ連兵がその血をもって獲得したクリール諸島（千島列島）という名目をつくるためのソ連兵の犠牲をあえて求めたというものだ。この見方は、樋口の見解と一致する。

スターリンは、南樺太と北千島を占領後、北海道侵攻作戦を予定していた。満洲が第一次作戦、南樺太と北千島占領が第二次作戦で、続く北海道北部の占領作戦が第三次作戦となる。

北海道上陸作戦は南樺太の真岡（現ホルムスク）と大泊（現コルサコフ）の両港を占領後、ここを拠点に部隊を北海道北部の留萌に上陸させて留萌と釧路を結ぶ線より北を占領する計画だった。仮に日本軍や米軍の抵抗がなければ北海道全島を占領することも視野に入れていたとみられる。

北千島作戦が始まる直前の八月十六日、スターリンは米大統領のトルーマンに書簡を送り、北海道北部の分割占領の要求を伝えた。しかし、トルーマンは十八日にスターリンに書簡を送り、ソ連による北海道北部の占領案を拒否した。スターリンの北海道占領という野望は挫かれた。

元防衛大学教授の中山隆志は「極東ソ連軍は海軍力と空軍力で米軍よりはるかに劣り、さらに南樺太と占守島の日本軍の抵抗によって作戦自体が大幅に遅れた。スターリンが北海道侵攻を諦めた最大の理由は、米大統領トルーマンの拒否だが、軍事的には占守島と南樺太の日本軍の抵抗の激しさを見て、北海道占領は容易ではないと考えたのだろう。占守島の戦闘の意義はこの点にある」と話す。

占守島など北千島占領に侵攻したソ連軍部隊は総員約八千八百人で、北海道侵攻は指示されておらず、北千島占領後、ただちに北海道へ向かうことも考えづらい。しかし、日本軍の激しい抵抗が北海道に迫るソ連軍の勢いを食い止め、スターリンに北海道上陸作戦を思いとどまらせるための貴重な時間を稼いだ。

いずれにせよ、終戦の八月十五日からソ連軍が北海道上陸作戦を中止した同二十四日までの十日間は、北海道と日本の歴史が変わっていても不思議ではない、運命の十日間だった。

続いたトラブル

武装解除後、占守島の小田は島に上陸してきたソ連の重戦車を見て衝撃を受けた。小田は「あの日にこんなものが上陸して来なくてよかった」とほっとした。自分たちが乗り込んでいた九五式軽戦車はもちろん、主力の九七式中戦車でもまったくかなわないことは一目見ればわかった。その砲身はまるで高射砲のようだった。

綱嶋も竹田浜から上陸してきたソ連軍戦車に驚愕した。

「こちらはせいぜい六トン（軽戦車）、相手は三十トンぐらい。これじゃあ相手にならない。早く戦争が終わって良かった」。この戦車に日本軍戦車の砲弾が命中しても簡単に跳ね返されただろうと思った。

日野はソ連の狙撃兵が自分の小銃で射撃の腕を競う光景を見た。遠く離れた場所に置かれた空き缶を百発百中で撃ち抜いた。これでは競争にならないので、狙撃兵たちは空中に空き缶を放り投げて撃ち合いを続けた。日野はこの狙撃兵たちの腕に驚き、命を奪われた日本兵たちの姿を思い出していた。

武装解除を受けた日本軍は、ソ連軍の指示によって部隊を解散し、ソ連軍の管理下に置かれた。戦車第十一連隊も九月五日、連隊長代理の高石が部隊の解散を命じ、約千人単位の作業大隊が編成された。九一師団全体では十五大隊となった。これとは別に各隊の将校のみを集めた将校大隊が作られ、終戦前の部隊編成は完全に消滅した。

小田らに与えられた仕事は、幌筵海峡に面した長崎港内に沈めていた旧日本軍の「大発」

と呼ばれた舟艇四隻を引き上げて再び使えるように整備することだった。ソ連軍に使われないようにと沈めた船だった。

　船を引き揚げて内部の水をかき出した。問題は海水に浸かったエンジンだった。エンジンは船によって異なり、漁船の焼玉エンジンを搭載しているものもあれば、九五式軽戦車や九七式中戦車から転用していたものもあった。戦車学校でエンジンの構造から修理などを習得していた小田らは、戦車のエンジンはもちろん、単純な構造の焼玉エンジンも一日で直して、すべての船の修理を終えた。

　試運転を行った小田らは「この船に燃料を積み込めば、根室まで走っていけないこともない。食料もあるし」とささやきあった。だが、もしも島から脱出を図れば、残る日本兵にどのような罰が与えられるかわからないと思い直した。

　直前にこんなトラブルが日ソ両軍の間で起きていた。占守島や幌筵島には大量の食料が備蓄され、長崎の近くの洞窟内にも、米や味噌、醬油や日本酒、缶詰や乾パンのほか、羊羹などの甘味も木箱に箱詰めされて積まれていた。日本軍は歩哨をたてて警戒していたのだが、ソ連軍兵士は小銃を突き付けて、時計などを奪った上、食料を盗みだす事件が相次いだ。

「日本の負けを知ってから、人の国に泥棒に入りやがった上に」と日本兵たちは苦々しい思いを募らせ、ある日、再び洞窟に押し入ったソ連兵から武器を取り上げ、殺害してしまった。遺体は隠したのだが、発見されて大騒ぎになった。もちろん、犯人の日本兵は名乗り出なかった。

ソ連軍は堤師団長に対して「罰としてソ連兵一人について二人の日本兵を射殺する。明日中に差し出せ」と命じた。これは堤師団長がグネチコ司令官に謝罪して、事なきを得た。ところが、二、三日後に再び備蓄食料を盗みに入った三人のソ連兵が日本兵に捕まり、殺される事件が発生した。

堤は各部隊の指揮官を集めて、事件を報告し、今回はソ連軍も容赦しないだろうと述べた。隊に戻った中隊長の伊藤は「おそらく、わが中隊からも一人を出さざるを得ないかも知れない」と深刻な面持ちだった。

小田は自分自身を振り返った。隊で一番若いし、妻子もいない。伊藤中隊長にはかわいがってもらっている。「やはり自分が犠牲となるしかないか」。小田は一晩中寝られず、悶々と過ごした。

この一件についてもソ連軍は結局、報復措置を取らなかった。仮に日本兵を射殺すれば、反乱が起きる可能性が強いと判断したのかもしれない。この二つの事件後、食料備蓄庫に命懸けで忍び込もうとするソ連兵はいなくなった。

ソ連兵の遺体回収

ソ連軍の上陸部隊の一員だったユーリー・コルブトは、元潜水士だったため、竹田浜の海中に沈んだままのソ連兵の遺体回収を行った。水深三、四メートルの海底に多くのソ連兵が重い荷を背負ったまま沈んでいた。

コルブトは船から垂らされたロープを遺体に結び、次々に遺体を引き上げた。遺体は浜に並べられ、その中にはコルブトの水泳仲間もいた。コルブトらは戦友たちの遺体を竹田浜に葬った。

コルブトは占守島の日本軍兵舎に暮らしながら潜水士として働いた。潜水作業用の船には五人の日本兵が使役に送り込まれた。スナガは船の舵取り、タニグチとナカバヤシ、イトウ、ナカムラは甲板員や機関員として働いた。五人は日本兵の収容所から毎日、柏原港にやってきてコルブトと一緒に船に乗り込んだ。

冷たい海の中の作業のため、コルブトは常に大瓶のスピリットを持ち込んでいた。スピリットはアルコール度九〇度を超す強い酒で、海で冷えた体を温めるためのものだった。昼食も甲板で日本兵と一緒に食べて、コルブトは日本兵にもスピリットを勧めた。ナカバヤシたちは、スピリットを口にすると顔をしかめてむせこんだ。そして、水で割りつつ口にした。

コルブトは終戦から三年間、ナカバヤシらと一緒に仕事をした。日本兵たちもコルブトを愛称のユーラと呼ぶ仲になっていた。コルブトは「雨、雪、吹雪」「九月、十月、十一月」と日本語も習った。

ようやく帰国がかなうことになったが、ナカバヤシだけは浮かない顔だった。コルブトが声を掛けると、ナカバヤシは「ユーラ。俺はこの島に残りたい。日本に戻っても肉親も親戚もきょうだいもいないんだ」。ナカバヤシは寂しそうだった。しかし、ナカバヤシも日本へと戻っていった。

このまま本当に日本に帰れるのか

占守島の短い秋が終わり、長い冬が近づく中で小田らはようやく「帰国」すると聞いた。小田らは幌筵海峡に停泊したソ連貨物船に日本軍の備蓄物資を積み込む作業を連日行った。米、味噌から樽に詰められた塩鱒などあらゆる食料が次々とはしけを使って運ばれた。ソ連軍将校は「日本はいま、食料不足なのだから何でも持って行け」と言い、激励した。小田は

「ソ連軍はずいぶんと親切だな」と怪訝に思いつつも作業に汗を流した。

日本軍の備蓄物資で船倉がいっぱいになった昭和二十年十二月二十五日、貨物船は小田ら約千人の日本兵を乗せて同海峡を抜錨した。船中の話題は「このまま本当に日本へと帰れるのか」だった。当初、船は数日かけて西へと進み、根室半島らしい陸地も見えた。だが、船は北へ針路を変えた。

だれもがおかしいと思い始めていた。右手に樺太が見えた。「もしも北海道へと向かうならば、左手に稚内が見えなければならないはずだ」。

小田らがいぶかる中、船は西へと進み、船の前方に大陸の山並みが見えてきた。だれかが「こりゃ、沿海州だ」と声を上げた。昭和二十一年一月一日、船が入港したのはソ連極東の玄関口ナホトカ港だった。

終戦時、約二万三千人いた北千島の九一師団の将兵は、作業大隊ごとにわけられて、沿海州やオホーツク海に面したマガダンに約四千人、カムチャツカ半島に千人のほか残りはシベリア各地に送られた。

同師団の将兵を含めて抑留された日本軍将兵の総数は約六十万にもなった。

スターリンは、北海道北部の占領を断念する見返りとして、日本人将兵をシベリアへと連れ去ることにしたのである。

もう一つの戦争が始まろうとしていた。氷点下三十度を下回る極寒と重労働、食料不足と栄養失調という極限を生き抜くシベリア抑留という闘いだった。

第四章　抑留

ナホトカにて

豆タンの小田英孝と綱嶋正己らが、ナホトカ港に着いたのは、昭和二十一年一月一日午後八時ごろだった。貨物船から降り立った桟橋は凍える寒さで、小田らを収容する小屋などはなく、このままでは凍死しそうなほどだった。仕方なく、日本兵たちは桟橋の木材をはいで、たき火をすることにした。監視していたソ連兵はそれを止めもせずに、盛大に焚かれたたき火に自らも当たっていた。

だれかが「気を付けろ。泥棒がいっぱいいるぞ」と大声を上げた。いつの間にか日本兵の周囲には老若男女、一般のナホトカ市民が取り巻き、隙をみては日本兵が背負っていたリュックの紐を切って中の荷物を盗もうとしたり、置いてあるリュックを置き引きしようとしていた。

ようやく夜が明けると、ソ連の将校らしい者が桟橋に現れて、「日本への引き揚げ船が来るまで山の方で一時待機をする」と告げた。小田らをソ連兵が先導して二十～三十キロも歩かし、たどり着いた先は灌木がわずかに生える山中だった。小屋などもなく、小田らは持参していた簡易天幕を取りだし、それをつないで大きなテントを作った。水も薪もなかった。

周辺を探して歩くと小川が凍りついている場所を見つけた。小田らは軍刀で氷を突き崩して掘り続けた。小田はこうした川も底には水が流れて、その水脈まで掘れば、水圧によって水が噴き出してくることを経験上知っていた。周囲の兵士と協力しながら掘り進むと、数時間後、「ゴボッ、ゴボッ」という音とともに水がしみ出し、深さ一メートルほどの穴を一気に水が満たした。氷点下二十度を下回る寒さのために、すぐに表面には氷が張ったが、棒で割りさえすれば、水は手に入るようになった。薪には白樺などの生木しかなかったので、天幕の下でのたき火は煙ばかりが多く、小田らは目の痛みに耐えた。食料は各自が占守島《しゆむしゆ》から持参した乾パンなどを口に入れてしのいだ。

五日ほどしてナホトカからの迎えが来た。

行きに通過した峠に差し掛かると、猟銃を担いだ山賊の一団が現れて日本兵に銃を突きつけて、時計などの品物を強奪した。武器をもたない小田らは敗軍のみじめさと屈辱を嫌というほど味わった。

ナホトカ港では小田たちが占守島から船に運び込んだ米や食料を貨車へと積み込む作業の真っ最中だった。小田は、その光景に「日本へ食料を持ち帰れ」と励まされての作業はすべて偽りだったことを悟った。

そんな港の傍らでスカートをはいた妙齢の女性がソ連の監視兵を誘い、二人は倉庫へと消えた。二十分ほどして、二人は倉庫から出てきた。女性は手に袋を下げていた。体を売って、いくらかの食べ物に換えているに違いなかった。小田らは「きっと敗戦国の日本でも同じなのだろう」とささやき合った。

ナホトカからは座席のない貨車に詰め込まれ、外からカギを掛けられてしまった。すし詰め状態だったため、暖房はなくても何とかしのげたが、大小便は困る。貨車の床は木製だったため、軍刀で床を突いて丸い穴を開けて便所替わりにした。

「本当に日本兵なのか」

列車は少し進んでは停まり、再び進行してはまた停車した。二日後、貨車は目的地らしい場所に到着し、小田らは貨車からようやく外へと出た。そこがアルチョムだった。ソ連の革命家アルチョム（フョードル・セルゲーエフ）にちなんで名づけられ、ウラジオストクの北東五十キロにあった。抑留者は一万人を数えて、抑留者には炭鉱作業と道路建設、物資の積み下ろしなどの労働が課せられた。

アルチョム駅から西へ五百メートルほど離れた高台に鉄条網に囲まれた数十棟の建物が

並び、角々には望楼がそびえ、自動小銃を持った監視兵が目を光らせていた。バラ線を這わせた入り口の門が開き、小田らは銃口を向けたソ連兵にせかされるように中へと追いやられた。

施設内のあちこちに、ボロボロの軍服姿の痩せた兵隊たちがじっと小田らの様子をうかがっていた。顔つきから日本兵に違いなかった。腰にはコップ代わりの空き缶をぶら下げている者もいた。

「ありゃ、なんだ。まるで乞食の兵隊だな。本当に日本兵なのか」と誰かが呆れたような声を上げた。

小田らは約五十人が一つの兵舎に収容された。その晩、ボルシチやカツレツ、白パンなど素晴らしいごちそうが出た。占守島の日本兵たちは、この食事と先ほどのみじめな兵隊たちがどうしても結び付かなかった。

翌朝の朝食を見て、小田らは愕然とした。兵士十人当たり、黒パン一斤が分け与えられ、しかも二食分という。そのほかは塩ニシンを煮たしょっぱいスープが各自コップ一杯だけだった。結局、小田は二年余り抑留されるが、豪華な食事が出たのはこの初日の一回だけだった。小田は、自分たちを将校グループと間違えたのだろうと想像する。

食事を終えた小田らが兵舎の前に集合すると、一人の日本人の大佐がその前に立ち、語り始めた。

「君たちが昨日見た者たちは、昨年夏に満洲でソ連軍に収容され、ここまで二カ月をかけてやっと着いた。しかし、夏服しかなく、毛布もなく、このままだとこの冬を無事に過ごすことが難しいようです。皆さんは内地へのお土産と思い、たくさん背負ってきたと思いますが、いつ何時日本に帰れるのかわからなくなりました。どうか同胞を助けると思って、持ってきたものの半分程度、せめて毛布二枚、肌着一人分、靴下二足、手ぬぐい一枚は最低でも出してほしい。ここにいる将校が責任をもって分配するから安心してほしい。今朝の食事は朝と昼の二食分で、この給与がいつまで続くのかわからないが、せっかく戦い抜いてここまで来たのだから日本に帰るまで頑張って助け合ってやってください」

小田たちも、この収容所の暮らしについて教えてもらい、助け合わざるを得ないと考えて、できるだけの衣類や毛布を供出することにした。

小田らに命じられた仕事は、収容所周辺に水道管を埋設する工事だった。しかし、氷点下二十度を下回る極寒に、地面は固く凍りつき、つるはしやスコップも跳ね返された。次に指示された砕石場での作業は、大きな岩を人の頭大の大きさに割ってトロッコで運ぶ作業だった。二十分ほどの運搬時間でも手足の指先は凍傷になり、たき火の近くで三十分ほども揉まないと血の気は戻らなかった。

週に一度の休みには、収容所近くにあったトルコ人の集団農場へ援農に出された。ここも戦争のために男手がなく、畑に刈り残された牧草を大きな鎌で刈る仕事だった。小柄の小田が悪戦苦闘するのを見た農場主の娘さんが憐れんで「マーレンキィ、ソルダート。イディ・シュダー（小さい兵隊さん、こっちに来なさい）」と手招きして、牛舎の餌やりの仕事に替えてくれ、さらにパンの切れ端にバターを塗って与えてくれた。

収容所の食事は、黒パンと塩ニシンのスープだけの相変わらずの貧しさだった。小田らは「脂肪やビタミンなどの栄養をまったく取らないでよく生きているものだ」と慰め合った。

それは白樺の薪ではなかった

三カ月ほどした後、身体検査が行われた。ロシア人女医と日本人の衛生兵の前でふんどしを取って全裸になって立つと、女医が胸、続いて尻の肉をつかんだ。検査はこれだけだった。

肉の付き具合によって栄養状態を把握し、1から4まで四段階にランク付けし、肉体労働に耐えられると判断された「1」は炭鉱などの現場へ。次の「2」は採炭の補助か地上作業。「3」は、収容所内の補助作業、不可の「4」は別棟に収容されて休養だった。だが、休養といっても課せられたノルマをこなすことができないため、食事も減らされ、栄養失調が進むばかりで死が早まるだけだった。

衛生状態も悪く、シラミやノミが繁殖して、服の縫い目に入りきらずに外に出て来る始末。収容所に入って二カ月目、初めて「入浴」が許された。浴場には石炭ストーブが真っ赤に焚かれて、服を針金にかけて吊るし、桶にいっぱいのお湯をもらい、体をふいた。服は熱風消毒されて、叩くとノミやシラミがばらばらと床に落ちた。

厳寒の季節には収容所のペチカで燃やす薪も簡単には見つからない。小田は、浴場に行った時に遠くの軒下に白樺の薪が積んであったことを思い出した。淡い月明かりを頼りに薪を盗みに行こうと戦友ら三人でその軒先へと近づいた。積まれた薪をつかむと感触が木の枝とは違っていた。よくよく目を凝らすと、それは野積みされた日本兵の遺体だった。ガリガリに痩せこけた裸の死体が重ねて置かれ、その皮と骨だけの脚が遠くからは白樺の枝に見えたのだった。遺体から服さえも奪われていた。小田は「自分もいつかこのような無残な姿になるのか」と思い、胸にあふれる遣り切れなさとともに逃げるようにして兵舎へと戻った。

収容所では毎日三人から五人ほどの死者が出た。各兵舎は部隊ごとではなく、ばらばらにして収容しているので誰が死んだのかはわからなかった。死期が迫っていることを知らせる一つの合図があった。

寝言なのか、うわ言なのかわからないが、夜中じゅう、「お母さん」とか「帰りたい」「迎えに来てけろ」などとしゃべり続ける。その声の大きさに周りからは「寝られない」「うるさい」といった罵声と、「黙って聞いてやれ。もう少しの命なのだから」という憐れみの声も上がった。

不思議なことに死の直前になると、蚤は隣の人に移動していった。その様子を見た小田は「虫でも宿主の寿命を知っているんだ」と愕然とした。

うわ言を呟いていた抑留者は多くが翌朝には冷たくなった。衛生兵が遺体を担架に乗せて運んで行った。その行き先は小田が薪置き場と勘違いしたあの兵舎の軒先だった。

日本兵の遺体埋葬

ある日、小田らはあの野積みされた日本兵の遺体埋葬を命じられた。素っ裸の遺体二十体ほどを荷車に載せてロープで縛り、収容所外の雑木林へと向かった。だが、地面は固く凍りつき、つるはしを寄せ付けなかった。小田らは監視兵の許可を取った上、雑木林に薪を集めに入った。たき火をして地面を溶かしてから穴を掘ろうとした。しかし、集められる薪は限られて夕方までにはせいぜい体を隠す程度にしか掘ることはできなかった。

仕方なく小田らは穴に遺体を横たえ、上から石のように凍った土の塊を掛けた。遺体が土の隙間から見え隠れしたが、仕方がなかった。周囲の枯葉を上からかけて作業は終わった。

小田はそうした遺体を見つめて「戦いに負けることは残酷なものだ。戦争をするのは悪いが攻められて負けるのはもっと悪い。腹はすくし、寒いし、家には帰りたいし」と天を仰いだ。

数日後、小田の戦友が同じ作業に駆り出された。すると、小田らが埋めた遺体は野犬やカラスが掘り起こし、食いちぎられ、骨が辺りに散乱していた。

アルチョム収容所の日本兵の数は計一万二百五十人で、そのうち七百七十七人が死亡した(長勢了治著『シベリア抑留』新潮選書、二〇一五年)。わずかな黒パンと塩水のようなスープだけで重労働を課せられては栄養失調で死亡するのは当然だった。

ソ連時代に残された抑留者数と死亡者数の統計や記録はずさんで、日本側の公式数値は抑留者五十七万五千人、死亡者五万五千人。当時、独ソ戦でソ連国内が荒廃し、全国国民が飢えに瀕していたからとソ連側は釈明するが、長勢がその著書で指摘するように、仮に捕虜に与える食料がないならば、ポツダム宣言に従って直ちに帰国させるべきだった。シベリア抑留とは、スターリン体制下の人命があまりにも軽かったゆがんだ国家体制の、一つの象徴でもあった。

課せられた仕事の中には、貨車から丸太を下す作業もあった。作業班長の山先敏雄は小田にとって同じ戦車隊の先輩だった。別の兵舎にいた山先は体調を崩して作業を数日休んでいたが、その山先が死んだことを小田は風の便りに聞いた。

その翌日、死んだ日本兵の埋葬の使役があり、もしやと思った小田が軒下の死体置き場へと向かうと、幾多の遺体の中に変わり果てた山先が服も脱がされて裸のままで横たわっていた。山先の埋葬は小田が受け持った。コンクリートのように固く凍りついた凍土を掘り、山先の遺骸をその底に葬り、土を掛けた。山先の遺体が野犬に食い荒らされないか小田は心配でならなかった。

食料確保はもうひとつの戦争

占守島から船に積み込んだ塩蔵のサケやマス、米や缶詰などは一切口に入らなかった。小田らは戦友同士で毎日のようにソ連への罵詈雑言を口にしては気を紛らわした。食料の確保は生きるためであり、もうひとつの戦争でもあった。

小田は寝静まった夜、兵舎近くの倉庫にトラックが停まったのに気づいた。様子をうかがうと何かを荷台から降ろして倉庫内へと運び込んでいた。かすかに身欠き鰊の匂いが漂ってきた。

小田は隣の戦友二人を起こして、運搬の作業員を装い、トラックに近づいた。黙って身欠きニシンが詰められた菰包みを担ぎ、倉庫へと入れた。重さ四、五十キロはあった。二度目が勝負だった。今度は戦友二人を倉庫の軒下に潜ませて、身欠き鰊の包みを担ぎ、倉庫に入る直前に脇道にそれた。その背後に二人の戦友が立ち、後ろからは気づかれないようにして、兵舎へと運び込んだ。

全員を起こしてペチカの上で魚を焼いた。「この鰊は樺太から略奪したものだろう。ロスケへの仕返しだ」と笑いながら全員で食べ、ニシンは空っぽの胃袋を少しの間だけ満たした。

小田はアルチョム収容所のすぐ近くの炭鉱で、石炭を採掘する際に出る土や石をボタ山まで運ぶ作業中、腕にけがして入院した。小田以外の入院患者は肺炎と栄養失調の者ばかりだった。だが、病院食は貧しく、体力は元通りにはならなかった。軽作業を指示されて食料を搬送する際には、隙を見ては食品をくすねて、病室の仲間と分け合った。

毎日のように病室に一頭の太った犬が遊びに来た。収容所幹部の怒りっぽく太った奥方の愛犬だった。小田らは針金を細工した、くくりわなを仕掛けて、黒パンでおびき寄せた。犬がパンを食べようと首を伸ばした瞬間、一気に両側からわなを引いて絞め殺し、ナイフで手際よく皮をはいで解体し、鍋で肉を煮て食べた。骨や皮は石炭の灰殻の中に埋めて証拠を隠滅した。翌日、マダムは愛犬を捜し歩いたが、すでに犬は小田らの胃袋に入っていた。

脱走失敗

豆タンの綱嶋もアルチョム炭鉱での労働を課せられ、毎日、炭鉱までほかの収容者たちと歩いて出向いた。作業は一日八時間で三交代制だった。気温が氷点下三十度を下回らない限り、採炭は続けられ、石炭は何十両にも連なる貨車でウラジオストクへと運ばれた。

綱嶋の作業は石炭を掘り出す危険な最先端の切羽《きりは》で、ソ連人の作業員がダイナマイトで爆破した後に石炭をかき集めた。当時、アルチョム炭鉱には二十九もの坑道があり、それぞれに作業を監視する事務所があった。ドイツ人や日本人、独ソ戦でドイツ占領下に置かれたウクライナ人もいた。

坑道には点々と明かりがともされて、電池式のヘッドランプが頼りだった。入り口からは空気を送る送風管が切羽まで伸びていた。

満足な安全対策もなく、落盤事故が相次いだ。昭和二十一年、綱嶋も二度の事故に遭遇した。坑道の途中で落盤が起きて、綱嶋たちは切羽に取り残された。綱嶋たちは空気を送る送風管に駆け寄り、真っ暗な中でただじっと救助を待った。一度目は五時間後、二度目は十時間後に救出された。

劣悪な作業環境と貧しい食事、栄養失調や病気で次々に死んでいく仲間たち。同じ作業班の日本兵が綱嶋に脱走計画を持ちかけた。アルチョムから満洲まではさほどの距離はない。満洲まで逃げて朝鮮半島まで陸路をたどり着けば、日本へと帰れるはずという。綱嶋は企てに加わることにした。綱嶋らは満洲がソ連に占領されている現状をまったく理解していなかった。

明け方に作業を終えて坑内から外へ出ると、たいていは一時間から二時間は事務所近くでほかの連中を待って、一緒に収容所へと帰る。この時間帯に警戒兵の目を盗んで近くに停車している石炭列車に隠れて乗り込み、途中で列車から降りて、陸路を歩いて満洲へと向かうというアイデアだった。

逃走中の食料として、配給される黒パンを切って服の下に隠すなど一カ月かけて脱走の準備を進めた。昭和二十一年夏、脱走計画は決行された。綱嶋ら五人は二つの箱型の有蓋貨車に三人と二人に分かれて乗り込むことにした。無事に貨車に乗って石炭の山に身を潜めたのだが、いつまでたっても動き出さない。理由はわからないが、三人を乗せた前方の貨車との連結が外れていて、綱嶋らの貨車は現場に残ってしまった。

一時間ほどして、綱嶋らは脱走を断念して何食わぬ顔をして、集合場所に向かった。みんなから「おまえどうしたんだ。心配していたんだぞ」と問い詰められたが、「うっかり、寝てしまっていて」とその場を取り繕った。

翌日、収容所は日本兵三人が脱走したことがわかり、大騒ぎとなった。三人は炭鉱から出てまもなく貨車から飛び降りたのだが、途中の検問で発見されて、逃げる途中に射殺された。囚人や政治犯らを多数収容しているアルチョム炭鉱の周辺には多くの検問所があったのだ。

日本兵三人の射殺体は収容所の入り口に見せしめとして、数日間放置された。綱嶋も脱走計画に加担していたと疑われ、厳しい尋問を受け、ついに「自分も脱走に加わっていた」と白状した。その罰として綱嶋は水牢に入れられた。

初日は水で満たされた直径約三メートル、深さ約二メートルの漬物用樽の中に入れられた。息を吸うためには底を蹴って水面から顔を出す必要があり、眠ることはできない。翌日からは十畳ほどの水槽に移された。天井は鉄格子が被せられ、水深は二メートル以上あった。足先も水槽の底に付かない。水面少し上の壁面には手を掛けられる取手があり、そこに両腕でしがみついているのだが、睡魔のため手を離すとおぼれて気が付き、水中でもがいた。食事だけは格子の上からソ連兵が黒パンを吊るして与えられ、用便だけは外へと出された。

水牢の罰は一週間も続いた。ようやく収容所へと戻された時、綱嶋の皮膚はふやけて全身がずりむけ、痛くて仕方なかった。ソ連兵は「次に同じことをしたら銃殺だ」と言い渡した。

戸建ての家の建設競争

小田はさまざまな労役に駆り出された。大工、左官工、ペチカの組み立て、桶屋、ボイラー掃除、安全ランプの組み立て、バッテリーの修理などだ。それぞれの職場で日本兵の職人がやり方を教えてくれた。

　昭和二十一年秋、ロシア人と日本兵による戸建の家の建設競争が行われた。それぞれ五人が一組になり、幅約五メートル、奥行き約九メートルの平屋の小屋をどちらが早く建てられるかを競った。用意されたのは十メートルほどの巻き尺の切れ端、二人で両端を持って使うのこぎり、まさかり、かんな、のみ、ハンマーだけだった。

　直角を図る曲尺《かねじゃく》はなく、家の四方に杭を打ち込む段階で、どのように直角を図るかが最初の問題だった。小田は学校で習ったピタゴラスの定理を思いだし、材料の中の板を三メートルと四メートル、五メートルに切り、直角三角形を作り、角度を定めた。ロシア人はそのような手間を掛けずに作業を進めていた。

　次に小田らは柱や土台、梁、屋根などを元棟梁だった日本兵が墨付けして、切れ込みを残る四人が分担した。一方のロシア人は一本ずつ柱を立てていった。

　初日、ロシア人は三本の柱を立てる段階まで終えたが、小田らは一本の柱も立てなかった。監督は「なぜ日本人は仕事をしないのか。今日のノルマはゼロだ」と顔を真っ赤にして叱責した。小田らは「これが日本のやり方なのだ。もう少し待て」となだめつつ作業を進めた。

棟梁も本気を出して、細かな継ぎ目の細工も施し、すべての部材が完成して、一気に組み上げる作業に入り、五日後、家は出来上がった。ロシア人の家は半分もできていなかった。日本兵の圧勝だった。小田らは「腹は空いていても競争になると敵愾心がでるものだな」と笑い合った。

「共産党の指導者になれるまで再教育する」

昭和二十二年三月二十日ごろ、突然、小田ら約二百人に帰国の命令が出た。「また騙されるのではないか」と小田らは疑っていたが、貨車に詰め込まれて向かった先は、一年三カ月前に占守島から到着したナホトカだった。

仮宿舎で空腹でイライラしている日本兵たちの前に、青年共産同盟の日本兵二人が立って、「日本に帰国したら代々木の共産党に顔を出して入党手続きをするように」などと延々と演説をぶった。これまでの抑留中の非人道的な扱いもあり、一部の日本兵が後ろから毛布をかぶせて、この二人を袋叩きにしてしまった。

この騒動が影響したらしく、日本への帰国船を待っていた数日後、別の幹部がやってきて「君たちは反動分子なので、ソ連共産党を理解して、帰国してから共産党の指導者になれるまで再教育する。もう一度、奥地で労働してもらう。明日から仕事と学習に頑張るように」と横柄な態度で帰国取り消しを告げた。小田らは「たぶんナホトカ周辺に置かれるだろうが、食料事情は悪そうだから、帰国まで助け合ってやろう」と誓い合った。

ナホトカの収容所では食料不足がさらに深刻化し、この年の五月までは一日に一食、ないし二食も抜かれ、最悪の日は何も与えられなかった。これに加えて、「反動分子」のレッテルを張られた小田らには共産党教育が毎日課せられ、「ソ連憲法」「個人資産」「労働とノルマ」などを学ばされ、聞いていない者がいることがわかると、厳しい罰が与えられた。

大金星となった母の味

日本兵たちは生きるために食料を懸命に探した。

春の気配が漂う四月となり、収容所片隅の空き地からひどい悪臭が漂い始めた。近くを通る時には鼻をつまみ、足早に走り抜けた。だが、その悪臭も小田にはどこか懐かしい匂いに感じられ、小田はその悪臭を放つ源は何か確かめに向かった。それは放置されたジャガイモの山だった。倉庫に入りきらないジャガイモを野積みしていて、イモが凍結と解凍を繰り返すうちに腐ってしまったのだ。その山はトラック十台から二十台分ほどもあった。

小田の故郷の北海道・陸別では、小さいジャガイモや傷ついた芋を野外に置いて凍らせて、表面の皮が腐ってきたら皮をむいて洗い、天日で乾燥させて粉にして団子を作るのが習慣だった。「しばれ団子」と呼び、小田にとっては懐かしい母の味だった。

小田はさっそく団子作りに挑戦した。予想通り、ジャガイモは表面の皮が腐っているだけで、皮をむいて丁寧に洗って飯ごうを使ってゆでて粉にして、岩塩で味付けをして一口食べてみた。前日は何も食べていなかったこともあり、団子は舌の上でとろけ、どんな豪華な料理よりもおいしく感じられた。

小田は大金星を射止めた気分で意気揚々と兵舎へと戻り、ともに作業をしている同じ班の日本兵たちに「しばれ団子」をふるまった。「こりゃ、うまい」「おれにも一つくれ」と兵舎内は歓喜と感嘆の声で満ち、次々に手が飯ごうへと伸びた。小田は作り方を伝授して、材料はまだいくらでもあるから安心するよう伝え、芋をしっかりと洗い、食べ過ぎないようにとも教えた。

小田は陸別での暮らしと母を思った。噂は収容所内にすぐに伝わり、日本兵のほか、ソ連兵やその家族もジャガイモを取りにやって来た。あれだけあったジャガイモの山は一週間ほどできれいになくなった。

サイドミラーをくすねる

五月になると、ナホトカ郊外に小さなトラック修理工場を再開することになった。日本兵で、大工、左官、鍛冶屋のほか、エンジンなどの整備のために小田が選ばれた。小田は十九歳になっていた。

道具はある程度集まったが、鍛冶場がないために空気を送って火力を高めるための鞴《ふいご》も手作りで作った。ナホトカ各地からさまざまな種類のトラックが持ち込まれて、小田は少年戦車兵学校で習った知識を駆使して整備に励んだ。ある程度、食料事情は改善されたが、野菜は極端に不足していた。

小田は近くの湿地でセリやアカザを見つけて、おひたしなどにして仲間に食べさせた。あるとき、小田は工場近くの道端でヤマゴボウの芽を見つけた。掘り出してみると、ゴボウの強い香りが漂い、間違いないと確信した。母がよく作ってくれたゴボウの炒めものが無性に食べたくなり、次々に掘り出した。皮を削いで、ささがきにしたのはいいが、炒めるための油がないことに気づいた。どうしようかと思案した末、小田は戦車学校時代、ブレーキ油だけはゴム管を傷めないように植物油を使っていると習ったことを思い出した。きっとソ連のトラックも同様にブレーキ油には植物油を使っているに違いない。ブレーキを分解して油も手に入った。

ドラム缶を輪切りにした簡易コンロに火を焚いて、鉄板の上に少量の油を落としてゴボウを炒めて岩塩で味付けした。その匂いが工場内に漂い、さっそく日本兵たちが集まってきた。「故郷の香りだ」「早く日本に帰りたいな」。ゴボウ炒りはたくさんはなかったけど、その味わいは日本兵たちにそれぞれの故郷を思い出させるには十分だった。

この修理工場での実績が認められたのか、小田たち戦車兵はナホトカ港近くの自動車修理工場に連れて行かれた。ソ連の監督官は大きな木箱の前で「これはアメリカのトラックなので組み立てろ。木箱三個でトラック二台ができる。十台を完成させたら帰国させる」と言って、バールとハンマー、金梃などを置いて立ち去った。

小田らは「これは戦時中に占守海峡を通ってアメリカからソ連へと送られた軍事支援物資に違いない。戦争が終わってもう二年が経つのにまだこれほどの物資があるのか」と、あらためてアメリカの底力を痛感した。

アメリカがソ連へ送った援助物資は、トラック三十八万台、ジープ五万台、貨車一万両、機関車二千両、食糧四百五十万トン、航空機一万五千機など莫大な量だった。

小田らはさっそく木箱にバールを当てて開いてみた。すると一つの木箱には完成済みの運転席が入っており、ほかには車体の足回り部分のシャーシが入っており、上には空気を抜かれたタイヤが並んでいた。トラックはフォードとスチュードベーカー製の半完成品で最終工程を残すだけだった。

問題は取扱い説明書が英語だったことだ。戦時中、英語は「敵性外国語」として学んでおらず、そのアルファベット表記を読むことは何とかできたが意味は理解できなかった。小田とともに工場に派遣された同じ第四中隊の操縦手長峰亘は元タクシーの運転手で、多少は自動車の構造についての知識があった。小田が読む英語のアルファベットを長峰は自分の記憶と照らして、それがどの部品なのか見当をつけた。

なんとか一台を組み立てて、空のバッテリーにバッテリー液を注ぎ込み、タイヤに空気を入れてトラックは出来上がった。エンジンを掛けるセルモーターを回すとブルッと少し動いた。次いで駆動を補助するハンドルを回すとエンジンは力強い音を響かせて動き始めた。

トラックの組み立て作業には予想もしていなかったご褒美があった。運転席にはアメリカ製のガムやチョコレートが詰められた小箱が置いてあることがよくあったのだ。ソ連兵へのプレゼントに違いなかった。小田らは顔を見合わせて笑いながら口に入れた。もちろん警戒のソ連兵には内緒だった。

運転席にはサイドミラーやバックミラーなども付いていたが、小田たちは監視の目を盗んで取り外した。物資不足のソ連では鏡も貴重品で、そのまま持ち出せば、タバコや食料と交換できた。

小田たちはサイドミラーが付いていた箇所に汗をこすり付け、わざと錆びさせた。監督官に「なぜ、サイドミラーがないのか」と問いただされたら、錆びた部分を指示して「最初から入っていませんでした。ここを見てください。その証拠に取り付け部分が錆びているでしょ」とごまかした。

シベリアを生き抜くためには、生命力と生活力と時には悪知恵も必要だった。

過去の恨みなどは海に投げ捨てて

小田らは与えられたトラック十台のノルマを七月末までに終えて、日本からの引き揚げ船で帰国できることになった。八月に入り、日本からの船がようやく入港し、小田らは港内に設営されたテントに入った。

最初のテントでは、その思想や経歴などがチェックされて、「反動分子」とされれば帰国は取り消された。小田は無事に通過して、次のテントでは抑留中に得たものやスターリンに対する感謝の言葉、帰国後には共産主義を広めるために尽力することなどを作文に書かされた。小田は苦々しい思いを胸に、空虚な作文を書き連ねた。これも帰国するためなのだと自分に言い聞かせながら。

最後のテントでは裸になって、持ち物のチェックと着替えをさせられた。戦友の住所や名前、日記などが見つかると、帰国ができなくなるので、これらは事前に捨てた。用意されていた夏服はどれも破れていたり、靴も両方がそろっているものは少なかった。夏の盛りなのに小田は仕方なく新品の防寒着を着こんだ。

タラップの横で次々に乗船する者の名前が呼ばれたが、小田の名前はなかなか呼ばれなかった。諦めかけていた時、ようやく「オダ・ヒデタカ」と名前が呼ばれて、小田は引揚船永録丸に乗り込んだ。

よろけるようにタラップを登った時、日本人の看護婦が「ご苦労様でした」と声を掛けて、手を差し伸べてくれた。小田は背後から「戻ってこい」という声が聞こえそうな気がして、決して後ろを振り返らなかった。船室に入る前には別の看護婦が「ごめんなさいね」と言いながら、白い粉を頭から振りかけた。後でシラミや蚤を駆除する殺虫剤と知った。

船室には畳が敷かれて、まるで青函連絡船の三等船室のようだった。デッキに出る者はだれもいなかった。ソ連に引き戻されることを恐れていた。

船はゆっくりとナホトカの桟橋を離れた。しばらくすると、スピーカーから永録丸の船長のあいさつが流れてきた。

「私は永録丸の船長です。ただいま、船は公海に出ました。もう戻されることはないのでご安心してお過ごしください。本当に長い間の抑留生活によく耐えてくださいました。ご苦労様でした。日本海は少し揺れますが明日には舞鶴港に到着します。日本の皆様が首を長くして待っております。抑留中は食べ物、ノルマ、病気、政治教育、軍隊時代のしがらみなどで、いさかいも多かったと聞きましたが、本船にお乗りになった方々は、過去の恨みなどは海に投げ捨てて生まれ変わった気持ちで日本へとお帰りください。どうしても気が済まない方は船長のところまでお話をしに来てください。船長室は常に開いております。では船員の心ばかりの晩御飯が間もなくできますので、ごゆっくりお召し上がりください」

小田たちは黙って船長のあいさつに耳を傾けた。乗船後、「あいつだけは海に叩き込んでやる」と息巻いていた兵士も心を落ち着かせたようだった。

小田はデッキに出た。荒れる日本海を眺めていて、小田は同期の豆タンたちがフィリピンのレイテ島へと送られる途中、この先の玄界灘で米軍の潜水艦に雷撃されて数百人が無念の死を遂げたことを思い出し、涙ぐんだ。占守島でも同期の豆タン二人が戦死していた。小田は三年ぶりに布団にもぐりこんだが、うれしくて寝つけなかった。昭和二十二年八月八日、小田は舞鶴の土を踏んだ。綱嶋は小田に先立ち、同年五月に無事に帰国を果たした。

カムチャツカ半島に送られた日本兵たち

占守島の守備隊からは約千人がカムチャツカ半島に送られた。

豆タンの日野宇三郎が抑留されたのは同半島のペトロパブロフスク（現ペトロパブロフスクカムチャツキー）近郊だった。着いたペトロパブロフスク港には、米軍のマークが付いたドラム缶などの軍事支援物資が並んでいた。

冬が来ても日野らには兵舎もなく、薄っぺらな天幕の下での野営が続いた。氷点下三十度を下回る極寒の地で、日野は寒くて腹もすいて眠ることができなかった。次々に栄養失調のため戦友たちが命を落としていった。

日野らは、春から国営農場での農作業を課せられた。日野らは監視の目を盗んでキャベツをむさぼり食った。夏が近くなると半島各地の川にサケやマスが遡上を始め、その捕獲に駆り出された。四、五人が一組となり、サケを取り、自らの食料用にも一部をもらい、さばいて地面を掘って永久凍土の中に埋めて保存した。これを後に掘り出して少しずつ食べて、飢えをしのいだ。

冬場は森林の白樺を切って薪づくりをさせられた。課せられたノルマは一日六立方メートル。この仕事の最中、日野は誤って右手の人差し指を切断してしまった。だが、満足な薬もなく、日野は布で傷口を押さえて、何日も何日もじっと痛みに耐えた。この切断事故と続く痛みの日々は、三年におよんだ抑留中の最も辛い思い出となった。

国端崎陣地にいた砲兵の野呂弘は、陣地守備隊約百人と四嶺山で捕虜になった工兵隊など約三十人とともに、八月二十三日の武装解除に先立ち、「戦闘中の捕虜」という扱いで竹田浜の沖合に停泊していたソ連船に乗せられた。船は一昼夜航行して、カムチャツカ半島西海岸のオバラ港に到着した。

日本兵の集団を見つけたロシア人たちが見物に集まってきた。その中で松葉杖を付いた片脚の男が野呂らの傍らに来て、身振り手振りを交えて語りかけてきた。

「おまえたちが占守の日本兵か。俺は占守島の戦闘で、日本軍の砲弾にやられて片方の脚を吹き飛ばされた。おまえたちも俺も戦争の犠牲者だが、戦争が終わったからみんなご破算だよ」。男が言わんとしているのはこんなことだろうと野呂は察した。

　野呂らはオバラから川岸の小さな船着場まで歩かされ、何艘かの船に分乗して川をまる一日さかのぼった。川が細くなり、船の航行ができなくなると下船して、徒歩で上流へと向かって歩いた。川を何度も渡渉して、途中で野宿した。もうカムチャツカ半島の秋は深まり、日本の初冬の寒さだった。

　毛布さえもなく、野呂らはぶるぶると震えながら寒さに耐えた。野呂が草で縄をなって即製の布団を作り、戦友たちに与えた。少しは寒さをしのぐ助けになったものの、草からは蚤が移り、下着の縫い目に沿ってびっしりと付いてしまい、今度はかゆくて眠れない。焚火に下着を脱いでかざすと、ぱちぱちと蚤が弾ける音がした。この朝晩の蚤退治は野呂の三年二カ月におよぶ抑留中の日課になった。

　野宿をしながら進むこと三日、野呂らはようやくテントが張られた宿営地らしい場所に到着した。国営の農場らしく、指示された仕事は大鎌を使った草刈だった。夕方になると、ロシア人監督官がやってきて「ヤポンスキー、ノルマ、カンチャイ」（日本人よ。ノルマは終わったか）と言って、確認を終わるとようやくテントへ戻れた。食事は黒パン一切れに麦粉に調味料を入れたロシア粥「カーシャ」一杯だけ。これが一日分の割り当てだった。

焼かれた褌

カムチャッカの秋は短く、急に冬の装いとなった。あまりに少ない食事に過酷なノルマ。野呂らの体力は一日一日落ちていった。

野呂の手記『北緯55°　カムチャッカ横断の旅――抑留3年2ヶ月の記録』（私本、二〇一〇年）にはこうつづられている。

「もう日本に帰ることもあるまい。ならば早くこの過酷な生活から抜け出して自殺でもしようかと思っても、もうそれを実行する気力もなく、黙々と動き回っている毎日であった」

愛煙者の野呂は無性にタバコが吸いたくなった。ソ連兵は新聞紙を十センチ四方に破って、器用にくるくると巻いてタバコの葉を載せて火を点けた。ソ連兵は「マルホカ」と呼んだ。タバコの茎を刻んで乾燥させたもので、野呂は捨てられた吸殻を拾って吸ってみたが、とても吸えるような代物ではなかった。野呂は、タバコ代わりに、よもぎや白樺の葉を刻んで乾燥させて吸ってはみたが、それに比べればマルホカの方がはるかにましだった。

抑留から一カ月がたち、野呂ら日本兵は洗顔や歯磨き、洗濯さえもできない毎日が続き、襦袢も垢でごわごわになっていた。ある日曜日、ソ連の監督官が信じられないことを口にした。「今日は日曜日だから温泉へ行く」。野呂らはカムチャツカ半島が火山列島で各地に温泉が湧いていることを知らなかった。草原の中、列を組んで進んでいくと、湯気を立てる沼があった。温泉だという。手を突っ込むと確かに温かく、さっそく全員で裸になって、沼に入った。湯は体に心地よく、タオルやせっけんこそなかったが、体を自分の手でこすって一カ月以上たまった垢を落とした。垢は体の皮がむけるようにぼろぼろと落ちた。

沼から上がってみると、全員の褌《ふんどし》がなくなっていて、監督官は「蚤がたかるからすべて焼いた」と平然と言った。その後、野呂は帰国を果たすまでずっと褌やパンツとは無縁だった。

ドイツからの戦利品という綿入りのズボンと上着が支給され、翌日から東へ向けての行軍が始まった。その途中、野呂らは占守島など北千島から抑留された日本軍兵士ら約千人の一群と出会った。野呂らは戦闘中の捕虜だが、工兵隊は正式な武装解除を経た兵士で、服や毛布の支給があり、自分たちよりも待遇が良いことを初めて知った。野呂はソ連軍の指示で工兵隊の将兵たちにカーシャの作り方を教えるために元の部隊を離れ、その後は工兵隊の抑留者と行動を共にした。

キタノソラカライノツテオリマス

野呂らは、米国から供与されたテントに暮らしながら、森林での作業を行いつつ、貧しい食事と極寒の中を生き抜いた。

二度目の冬が過ぎて辺りの原野に色とりどりの野の花が咲き乱れたころ、警戒兵が国際赤十字のマークが入った往復はがきを持ってきて「トウキョウのマダムに便りを書け」と告げた。日本の故郷への便りの意味だった。

ソ連軍による検閲のため、カタカナで書くことが求められた。野呂は工兵隊からペンを借りて、秋田の家族宛に自分が生きていることをしたためた。ソ連側の説明では、はがきはスイスの国際赤十字を経て、日本の家族に届けられるとのことだった。野呂は半信半疑だったが、とにかく書いてみることにした。

半年後、樺太（サハリン）に移された野呂は、思いもかけず、家族からの返信はがきを手にした。自分が生きていることが家族に伝わり、家族も故郷の秋田で大火があったが、災難を逃れてみんな無事であることがわかった。野呂は何度も何度もはがきを読み返した。

野呂が家族に宛てて送ったはがきは、母親のナヲさんが大切に保管して、いまも野呂の自宅にある。そこにははがきの一枚を有効に使うため、細かな丁寧な字で母や妻、娘への思いがしたためられている（漢字かな混じり文への変換は筆者による）。

「母上様　長のご無沙汰お許しください。月日の経つのは早いもので、一九四七年の元旦を迎え、感無量のものがあります。その間、家内一同の労苦は今更ながら、ただ夢に皆の安否のみが気遣われます。母上のこと、妻のこと、奎子のことと次々に連想する時にただ自己の至らなさのみが胸を苦しめます。幸いに何事もなく、北風に吹かれ皆さまの多幸を祈りつつ、働くことを楽しみ、また、故郷の空に夢を走らせ、元気いっぱい働く私の姿を思い出しつつ、時の来るまでお変わりなくお過ごしくださいますよう北の空から祈っております。幸いにも便りが許されましたので、早速ただ安否のみお知らせいたします。到着いたしましたら、すぐに返信ください。また家の様子、力《つとむ》、ユキのこと、私の職業のことなどお知らせください。最後にヒサと協力のうえ、奎子を立派に育て上げてくださいますようくれぐれもお願いいたします」

「ハハウエサマ　ナガノゴブサタオユルシクダサイ　ツキヒノタツノハハヤイモノデ一九四

七ネンノガンタンヲムカエカンムリヨウノモノガアリマス　ソノカンカナイイチドウノロウクハイマサラナガラタダユメニミナノアンピノミガキヅカワレマス　ハハウエノコトツマノコトケイコノコトトツギツギニレンソウスルトキニタダジコノイタラナサノミムネヲクルシメマス　サイワイニナニゴトモナクキタカゼニフカレミナサマノタコウヲイノリツツハタラクコトヲタノシミマタ、コキョウノソラニユメヲハシラセ、ゲンキイッパイハタラクワタクシノスガタヲオモヒダシツツトキノクルマデオカワリナクオスゴシクダサイマスヨウキタノソラカライノッテオリマス。サイワイニモタヨリガユルサレマシタノデ、サッソクタダアンピノミヲオシラセイタシマス　トウチャクイタシマシタラスグニヘンシンクダサイ　マタイヘノヨウスットムユキノコトワタクシノショクギョウノコトナドオシラセクダサイ　サイゴニヒサトキョウリョクノウエケイコヲリッパニソダテアゲテクダサイマスヨウクレグレモオネガイイタシマス」

野呂家に残るはがきには「俘虜用郵便葉書（往）」とあり、住所は野呂本人の字で「ウラジオストク市郵便局私書函番号７５１６０」と書かれている。はがき左上にはキリル文字でウラジオストクの消印があり、ウラジオストクから日本へと送られたとみられる。

蛇もカタツムリも

カムチャツカで、野呂は警戒兵に手招きされて別の事情で現地に暮らす日本人を見た。「野呂。向こうにいるのは日本人だが、ノモンハン事件でソビエト軍の捕虜になり連れてこられ、いまではロシアの兵隊になっている」。

野呂はせめて一言でも話したいと思っていたが、その元日本兵からは「もう自分は日本人ではないのだから、自分には話しかけないでほしい」との言伝があった。

アルチョム収容所にいた小田も、野外作業中、日露戦争で日本軍の捕虜になり、四国の松山で捕虜生活を送った元ロシア兵からノモンハン事件の日本人捕虜が近くに暮らしていると聞いていた。当時、実際にノモンハン事件で捕虜になった日本兵が各地に生存していたのだろう。

その後、野呂は樺太のホルムスク（真岡）に昭和二十二年に送られて、山中で鉄道の路盤工事に従事させられた。ここでの食料事情は最低で、一日一切れの黒パンと日本の味噌粉だった。ロシア人は粉の味噌を小麦粉と勘違いしていて、野呂らは何度も「これは主食にはならない」と訴えたが、話は通じなかった。野呂らは海岸に打ち上げられている昆布を拾い集めて煮込んで、粉味噌を振りかけて飢えをしのいだ。栄養失調で作業どころではなく、厳しいノルマを達成できず、自分の身を動かすことさえ大変といった状況に追い込まれていた。

野呂が秋田の家族からの便りを受け取ったのはその頃だった。故郷の便りは何にも増して野呂を励まし、生きて帰国するための気力が湧いてきた。野呂は作業に向かう道端に食べられるものが落ちていないか常に注意を払い、サケやマスの頭が落ちていれば拾い、蛇を捕まえては蒸し焼きにした。カタツムリも煮て食べた。そんなものを口にしない者から栄養失調になった。

野呂が真岡から北海道・函館に向かう引揚船に乗り込んだのは一九四八年十月。野呂が持ち帰ったものは毛布一枚だけだった。

守り抜かれた九十七名の遺骨

武蔵哲《たどる》は満洲とソ連の国境近くの収容所を転々として、道路工事や炭鉱、集団農場などで働かされて、一九四八年八月に帰国した。

北千島慰霊の会が編集した「北千島関係戦没者名簿」によれば、占守島と幌筵《ぱらむしる》島にいた第九一師団でシベリア抑留中に死亡したのは百二人で、ソ連でももっとも過酷な収容所と知られたマガダン地区に送られた約四千人のうち四十二人が死亡。小田がいたアルチョムでは九人、沿海州のスーチヤンで十二人が亡くなった。

戦車第十一連隊の戦車兵たちもシベリア各地に分散して送られ、二年から四年もの苦難の生活を強いられた。

長島厚ら将校大隊はナホトカ港に上陸後、二月に元満洲国境に近いスパスカヤ収容所に入った。連隊の本拠地であった満洲の斐徳の真東に当たった。終戦前年の一九四四年二月に斐徳を出発してから約二年、捕らわれの身となり、元の出発地に近い場所に戻ってきたことになる。

同三月には再び列車に乗せられて、ハバロフスクからシベリア鉄道で西へと向かい、モスクワから約四百キロ東南のチューリンスクなどに抑留された。長島は昭和二十三年五月にナホトカから舞鶴にようやく帰国することができた。将校だからといった特別待遇はなく、石炭の運搬や製材、小屋作りなどに動員されて、労働のノルマをこなせないと食事を減らされた。

池田末男連隊長以下九十七名の遺骨は、戦車第十一連隊の将校団に守られて、十数回にもおよんだ私物検査という事実上の強奪の中、ソ連兵から守り抜かれ、ともに祖国へと戻り、舞鶴港で厚生省の担当者に引き渡された。

第五章　戦後

約束の富士登山

北千島・占守島《しゅむしゅ》でのソ連軍との激闘から七十年が過ぎた。

終戦の昭和二十年二月、小樽港から占守島へと渡った、いずれも十代の豆タン十一人は、中村三郎と山本信一の二人が終戦三日後の同年八月十八日、四嶺山の戦闘で戦死し、残る九人はシベリアへと送られた。

八人は酷寒のシベリア抑留を耐え、日本人の七人が日本に帰国し、朝鮮半島出身者のイ・ジョンギュ（日本名大沢実助）もその後、韓国への帰還を果たした。もう一人の朝鮮半島出身者の金谷泰益（本名不明）は、シベリアの収容所で森林伐採作業を強いられて衰弱し、昭和二十一年十月に現地で入院した後の消息はわかっていない。

小田英孝は激動の二十世紀もあと一年余で終わる平成十一年（一九九九年）七月、念願の富士山に初めて登った。

富士山は、その麓にあった陸軍少年戦車兵学校に在校していた昭和十八年当時、毎日眺めていた青春の山だった。占守島に到着する直前、富士山そっくりの北千島の名峰阿頼度《あらいど》山の姿を小田ら同期の十一人は貨物船の甲板に並んで見つめ、北千島から生きて帰った者が代表して富士に登ると誓い合っていた約束の山でもあった。小田は念願の富士山頂に立ち、今はもうない少年戦車兵学校の方向を見つめて、多くの亡き戦友たちを思いながら手を合わせた。下山後、小田は戦死した山本と中村の遺族宛にはがきをしたため、「ようやくあの日の約束を果たすことができました。遅くなり申し訳ありませんでした」と報告した。

小田は戦後長く、北千島や後にシベリアで亡くなった戦没者や抑留者を慰霊するため、遺族と戦友らでつくる「北千島慰霊の会」の副会長を務めて、ソ連崩壊後の平成七年（一九九五年）夏、厚生省（現厚生労働省）の遺骨収集団の一員として、事務局長の武蔵哲《たどる》とともに占守島を訪問し、約半世紀ぶりに同島の土を踏んだ。小田と武蔵らは東海大学の実習船で国端崎に近づき、ボートで浜に上陸し、四嶺山まで歩いて向かった。

戦後五十年が経過した当時、四嶺山の斜面には戦車第十一連隊の擱座した九七式中戦車や九五式軽戦車が多数放置されたままだった。小田は山麓の小さな沢で横倒しとなった戦車を見つけた。八月十八日の激戦で火だるまになって死んだ豆タン同期の山本が乗っていた戦車だった。小田はその傍らに立ち、合掌して山本の冥福を祈った。あの日の壮絶な光景が再び脳裏によみがえった。

四嶺山周辺は背の低いハイマツとカバノキが密生し、山頂付近は草地が広がり、五十年前と何ら変わっていなかった。武蔵と小田ら遺骨収集団は四嶺山の麓で慰霊祭を行い、戦死した戦車兵九十七人を含む日本兵を弔うための慰霊碑を建てた。

占守島に慰霊碑を

小田らが慰霊のために島を再訪したのは十年後の平成十七年（二〇〇五年）だった。終戦の年に上陸した幌筵《ぱらむしる》海峡に面した長崎は、昭和二十七年（一九五二年）に北千島を襲った大津波によって大きな被害がでて、日本時代の工場などはすべて押し流され、跡形もなかった。島には国端崎灯台などの職員のほか一般住民はおらず、小田は島に人の暮らしを感じることができなかった。島は原始の姿に戻っていた。

その時点で小田らが十年前に建てた慰霊碑は抜かれていなかった。小田らは赤錆びた戦車の傍らを掘り返して、ようやく遺骨一柱を回収した。ロシア側の関係者が、戦後に日本兵の遺骨を埋めたと教えてくれた四嶺山山頂の日本軍の戦闘指揮所にも入ったが、入口から二十メートルほど先で穴はふさがれ、遺骨を見つけることはできなかった。

武蔵はあの激戦を生き延び、その一方で帰国を夢見ながらこの最果ての島で死んでいった戦友がいることを常に忘れず、戦後を生きてきた。戦友たちの無念と慰霊のために、北千島慰霊の会の事務局長を長年にわたり務めた。戦後、日本政府が行った二回の遺骨収集と民放テレビ局の取材に同行して計五回、島を訪れた。

終戦直後、ソ連軍の指示で戦場整理に動員された武蔵は、正式に埋葬する日のために日本兵とソ連兵の遺体を分けて四嶺山の山麓に土饅頭の墓を作った。半世紀後、武蔵は自らの記憶を頼りに周囲を探したが、その場所を見つけることができなかった。戦後、日ソ両軍の将兵の遺骸は重機でどこかに移されたらしいこともわかったが、その場所は結局今も見つかっていない。

武蔵は、今も三百人を超える日本兵が眠る島で、激戦地の四嶺山自体が日本兵全員の墓地であると考えるようになった。武蔵がこうつぶやいたことがある。

「仮に日本兵の遺骨が見つかっても、戦後七十年の歳月が流れて遺族が見つかることも少ないはずで、多くは皇居近くの千鳥ヶ淵（千鳥ヶ淵戦没者墓苑）に納められることになるでしょう。それならば四嶺山周辺で見つかった遺骨は丁寧に供養して、この島で静かに眠らせてあげた方がいいのではないか」

占守島と同じく、ソ連軍の侵攻によって終戦をはさんで戦闘が続いた樺太の北緯五十度の国境線近くにあるスミルヌイフ（気屯《けとん》）には、日本政府が平成八年（一九九六年）に建てた

「樺太・千島戦没者慰霊碑」がある。その名の通り、樺太と千島の合同慰霊碑となっている。碑文にはこう刻まれている。

先の大戦において
樺太及び千島地域並びに
その周辺海域で犠牲となった
全ての人々を偲び
平和の思いをこめて
この碑を建立する
竣工　平成八年十一月一日

武蔵や小田は、占守島が樺太の北緯五十度線よりも、さらに行きづらいことは十分に認識しているが、この最果ての島で多くの日本兵が祖国のために死んだことを後世に残すためにしっかりとした慰霊碑を建ててほしいと願う。

武蔵と小田が平成十七年（二〇〇五年）に島を再訪した際、旧片岡飛行場で行った慰霊祭には幌筵島の現ロシア人島民も多数参加した。二人は戦争の犠牲者には日本人もロシア人もないとあらためて感じた。小田は故郷に帰る日を待っていた同期の豆タン二人と、自らが軍刀を振り下ろしたソ連兵、家族の写真を手にして死んでいたソ連軍将校にも思いをはせて、静かに手を合わせた。

小田は、日本兵もソ連兵も戦争の同じ犠牲者と考えるようになった。二度とあの悲惨な戦争を起こさないためには、両国の人々の力が必要で、慰霊祭はその不戦の誓いをする大切な場であるとも思う。

忘れえぬ記憶

国端崎陣地の砲兵だった野呂弘は帰国後、故郷の秋田で教師をしていたが、占守島で体験した壮絶な戦闘やカムチャツカやサハリンでの過酷な抑留の日々について生徒や同僚に話したことはなかった。話したとしてもわかってもらえるとはとても思えなかった。

野呂は戦後、占守島を訪れたことは一度もなかったが、年を経て島をもう一度訪れたいと思うようになった。孫とともに島を訪れて、島と国端崎を見せたい。

野呂は戦後長い間、国端崎での激戦の中で自分が命を奪わざるを得なかったソ連兵を忘れたことはない。なぜならば、「もうやめてくれ。助けてくれ」と言わんばかりに、顔の前で弱々しく手を振るソ連兵の姿は戦後、何度も何度も夢に現れ、時には日中に突然、フラッシュバックして脳裏によみがえることさえもあった。野呂はもう一度だけ占守島を訪れて、島で亡くなった多くの戦友とあのソ連兵の霊を慰めて、心にずっと引きずってきた自らの戦争に終止符を打ちたいと思っていた。

ソ連軍の上陸部隊の一員として参加したユーリー・コルブトも占守の戦闘の傷跡をずっと引きずってきた。あの四嶺山の戦闘で自ら放った手榴弾と小銃によって倒した三人の日本兵、そして竹田浜で死んだ無二の親友たち。コルブトは「今もシュムシュの戦いが必要だったとは思わない。絶対に。水泳仲間で無二の親友だったスチーニン、パブロフ、グリーシンたちのことを忘れたことはない」と涙ぐみながら語った。

平成二十八年（二〇一六年）八月末、サハリン・ユジノサハリンスクの中心部にある勝利広場に、対日勝利を記念した博物館が一部完成して、関係者に公開された（北海道新聞二〇一六年九月一日）。ロシア政府は、日本が第二次世界大戦の降伏文書に調印した九月二日を「第二次世界大戦終結記念日」と定めている。

戦後七十周年を記念して建てられた三階建ての同博物館は、サハリン州が日本円換算で約二十三億円を投じて建設され、完成した一階部分のみがまず公開された。一階部分の約四百平方メートルを占める特別展示室の目玉展示は、占守島での激戦を再現した実寸大のパノラマで、竹田浜に上陸したソ連軍や、四嶺山を背景に激戦を繰り広げ、軍刀を振り下ろす日本兵と小銃で迎え撃つソ連兵、旧日本軍の九七式中戦車などの複製模型が展示されている。サハリン州による占守島での調査がこうした展示にも生かされたのだろう。

また、近くのサハリン州郷土博物館の前庭には、占守島から運ばれた九五式軽戦車が復元、展示されているほか、同館内には占守島の戦闘の展示コーナーもある。

これらの展示が、対日参戦は南樺太や千島列島を日本の軍国主義支配から解放した戦争と位置付けるロシア政府の考え方を反映して、愛国心を高揚させて、北方領土返還を訴え続ける日本政府を牽制する狙いがあるのは間違いない。占守の戦いについても「ロシア人がその血を流して取り返したクリール諸島（千島列島）」という政治的なアピールの道具として使われていた。

そこには日本のポツダム宣言受諾後、なぜ、これほど多くの犠牲が必要だったのか、との根源的な問いかけはない。

第六章　時が止まった島

二つの意味で遠き地

平成二十五年（二〇一三年）八月、私が乗り込んだ船外機付の小型ボートは、北千島唯一の町である幌筵島《ぱらむしる》セベロクリリスク（柏原）の浜を出発した。目指すは幅約三キロの幌筵海峡の向こうに横たわる占守島《しゅむしゅ》。同行者は、セベロクリリスク在住の現地ガイドのセルゲイと助手の男性、私の二十年来の親友で、サハリン在住の通訳ジェーニャこと、エフゲニー・シャバショフだ。

高曇りの空の下、風はなく海峡は波静かだった。波間に浮かんでいたエトピリカやウミガラスが、甲高い船外機の音に驚いて、道を開けるように慌ただしく海面を蹴って飛び立った。これらの海鳥はもう北海道ではほとんど見ることができない希少鳥類だ。

遠くにはアザラシやラッコが波間に漂いながらこちらの様子をうかがっている。幌筵、占守島の両島周辺には二千頭を超えるラッコが生息しているという。この島ではラッコはごく普通の海の生き物だった。

昭和二十年二月、豆タンの小田英孝らはこの海峡に停泊した貨物船から占守島長崎へ上陸した。占守島が目前に迫ってくると、丘の上に一つの石碑が見えた。戦前の大正八年（一九一九年）に建立された「志士之碑」に違いなかった。明治期に北千島の開拓を志し、占守島に渡った元海軍軍人、郡司成忠ら報効義会《ほうこうぎかい》の人々を記念したものだ。この有名な碑が目に入ったとき、ついに占守島にやって来たという実感がわいた。

占守島の北には、氷河と火山が連なる巨大な剣のような形のカムチャツカ半島が突き出し、島は幅十二キロの占守海峡を隔てて同半島南端のロパトカ岬と向き合う。千島列島の最北端は独立峰阿頼度山《あらいど》がそびえる阿頼度島だ。しかし日ロ（ソ）両国の国境線が終戦まで七十年間にわたり引かれていた占守海峡を望む占守島こそが、「国境の島」にふさわしい。

戦前、南千島と呼ばれた択捉、国後、色丹、歯舞の北方領土と、この四島以北の中部・北千島も現在はサハリン州の管轄下にある。だが、中部・北千島へはサハリンから直接行く交通手段はない。

千島列島は三十余りの島からなるが、現在、一般島民が暮らすのは、北千島の幌筵島と、北方領土の択捉島、国後島、色丹島のみ。中部・北千島で唯一の町セベロクリリスクは過疎が進み、現在の島民はわずか二千六百人と全盛期の三分の一に過ぎない。日本時代も択捉島以北の中部千島の得撫島《うるっぷ》から北千島の占守・幌筵両島までの間の島々には町はなく、一般島民は暮らしていなかった。

占守島は二つの意味で遠かった。

距離的には札幌から約千六百キロと直線距離としては、札幌―山口市間程度だが、日本から直接行く方法はない。私はサハリン経由でロシア極東の中心都市ハバロフスクへ飛んだ。ここでカムチャツカ半島の州都ペトロパブロフスクカムチャツキー行きの旅客機に乗り換え、さらに当地から所要時間二十時間余りの定期フェリーか住民用ヘリコプターで幌筵島セベロクリリスクへ入る。私とジェーニャはフェリーで渡った。

占守島には現在、住民がおらず、島内には二カ所ある灯台の職員四人しか定住者はいない。両島間の渡し船などはなく、島に渡ったとしても公共交通手段はない。ヘリコプターをチャーターしてカムチャツカ半島から渡航する手段もあるが、ヘリの料金は非常に高く非現実的だった。

私は幌筵島にフェリーが到着した直後、運良くボートと占守島内に四輪駆動車を所持している現地関係者と出会うことができて、占守島へ渡ることができた。

交通手段と別のもう一つの難題は、入域許可の問題だ。ロシア政府は千島列島全域を「国境地帯」に指定しており、島に渡るにはロシア国境警備隊の許可が必要だ。この許可はモスクワやサハリンで入手しなければならないが、管轄が国境警備隊だけに特に外国人は簡単には発行されない。私は北海道新聞社のユジノサハリンスク支局の協力を得て、さまざまな書類を用意して申請し、許可証を入手するまでに十日間掛った。これも日ロ関係がぎくしゃくすると発行されないことが珍しくない。

戦後、占守島へ渡ることができた日本人は、小田や武蔵哲《たどる》も加わった厚生労働省の遺骨収集団やマスコミ関係者らに限られ、その多くもヘリで激戦地に直接降り立ったり、海上からボートで当時の激戦地に上陸したりして、島内をじっくりと取材できたケースはほとんどない。

飛行機の墓場

占守島の現地取材に話を戻す。

ボートは海峡の半ばを越えて、占守島が目前に迫ってきた。北海道最北端の稚内を出発してから十三日目の朝だった。ボートは速度を緩めて、バイコボ（片岡）の港に入った。人影はまったくない。

港には日本時代の崩れかけたコンクリート製の岸壁が残っていた。ここ片岡には明治時代に報効義会の人々が入植し、太平洋戦争開戦後は旧海軍の基地があった。小さな入り江を草の斜面が取り囲み、斜面には三基の真っ赤に錆びた大型の燃料タンクがあった。これらも旧海軍のものだ。ソ連時代にもソ連海軍の基地があったが、すでに撤退していた。

壁の内部から鉄筋が覗く古いコンクリート製の小屋も日本軍の食糧庫で、その傍らに放置された小型戦車は旧日本海軍の水陸両用戦車「特二式内火艇」と後にわかった。すでに砲塔部分やキャタピラはなく、七十年の歳月は戦車を錆びた鉄の塊に変えていた。

草が生い茂り、木が一本もない丘を登って、報效義会の「志士之碑」がある標高九十二メートルの郡司ケ丘へと向かった。碑の周囲を取り囲むコンクリート製の柵も日本時代のものだったが、長い歳月と海風にぼろぼろになり、内部から錆びた鉄筋がむき出しになっていた。

丘からは幌筵海峡を隔てて対岸の幌筵島がよく見えた。旧陸軍の飛行場が戦前あった溶岩台地「北の台」が反対側に見え、その奥の標高千メートルを超える一文字嶺や幌筵硫黄岳の稜線は厚い雲に隠れていた。

八月というのに山の沢筋には白い残雪がいたるところにあり、濃い緑の山肌とのコントラストは、初夏の大雪山を連想させた。しかし、この地の標高ははるかに低い。日本では夏の盛り、八月中旬というのにこの日朝の気温は十二度。午前十時でも十六度という涼しさだっ

占守島の片岡(バイコボ)から幌筵海峡越しに見る幌筵島

た。

北へ目を向けた。この丘からは幌筵島の背後にそびえる、千島列島の最高峰阿頼度山が見えるはずだが、低く垂れ込める雲に隠れて見えなかった。報效義会の人々は、富士山によく似た阿頼度山を拝み、日々の平穏と国の繁栄を祈ったという。現在、ほとんどの日本人は、この北辺の地にそうした日本人の営みがかつてあったことを知らないだろう。

ガイド役のセルゲイは、バイコボに狩猟や漁労用に使うロシア製の四輪駆動車を置いていた。立ち並ぶ廃屋の車庫から車を出して、さっそく北を目指して出発した。

私は周囲をよく見渡せる助手席に乗り込み、車は片岡から草地の中に続く未舗装のでこぼこ道を走り始めた。見渡す限りの草原が続きやはり木は一本もない。左手には鉛色のオホーツク海が広がっていた。

セルゲイによると、最終目的地である最北端の国端崎までは直線では二十六キロだが、道は曲がりくねっており、総延長は三十八から四十キロになるという。

走り出してまもなく真っ平らな場所に出た。この周辺だけはコンクリート舗装され、注意してみると、背丈以上に成長した草はコンクリート板の継ぎ目から生えていた。ここが旧日本海軍の片岡飛行場であるとすぐに気づいた。滑走路は北東方向へと伸びている。日ソの激戦が始まった昭和二十年八月十八日朝、ここからは占守島に残っていた海軍の九七式艦上攻撃機四機と、同年春に幌筵島北の台飛行場から移って来た陸軍の一式戦闘機「隼」三機が離陸し、ソ連軍艦艇と竹田浜のソ連軍上陸部隊を攻撃した。陸海軍機はここからオホーツク海へ向かって離陸したのだった。

飛行場は戦後もソ連が使用し、一九九〇年代まではカムチャツカとの定期便も運航されていた。春から夏にかけては濃霧が出る地域にかかわらず誘導装置がないために墜落事故が起きてからは使用禁止となり、同半島と幌筵島を結ぶ空の便はヘリコプターだけとなったという。

飛行場の南側には崩れ落ちた鉄骨の構造物が放置されていた。旧海軍の大型格納庫の残骸だ。五年前に大雪が降り、雪の重みで崩壊したという。飛行場周辺には戦闘機や攻撃機を隠すための亀の甲羅に似たドーム式の屋根で覆われた掩体壕が五、六基並んでいる。これも日本軍時代の施設だった。

飛行場の周辺には朽ち果てた戦闘機や輸送機が無残な姿をさらす。裏返しになっていたり、主翼の外装板がボロボロに腐食して、まるで穴だらけの破れた障子のようになった機体もあった。その多くがプロペラ機で、中には米軍の輸送機とみられる機体もあった。

冷戦期、米ソの最前線であった占守島に、米軍機があるのを不思議に思うかもしれないが、第二次世界大戦の独ソ戦中、アメリカはドイツ軍に苦戦するソ連に対する莫大な軍事物資の支援を行った。支援物資の中にはジープやトラック、輸送船や燃料のほか、航空機もあった。それらが戦後、この占守島で使われ、後に投げ捨てられたと考えれば辻褄は合う。無人の飛行場に放置された多くの航空機の残骸。飛行機の墓場と言ってもよい荒涼とした風景だった。

自然の素晴らしい島で生きる喜び

案内役のセルゲイは、一つの興味深い事実を教えてくれた。それは、戦後七十年を経た今でも島内の洞窟などから日本軍が備蓄していた酒や缶詰などの備蓄食料が発見されていることだった。終戦後、ソ連軍は日本軍が備蓄していた膨大な食料品や酒などを島から持ち出したが、一部には未発見のものもあるらしい。

車は片岡飛行場から日本時代に造られた軍用道路を走り、国端崎まで伸びる島の海岸線を一望できる高台に出た。眼下に広がる沼地は別飛沼だ。同沼から流れ出す別飛川は島を流れる川では最大級のものだが橋はない。川は増水してなければ、四輪駆動車で問題なく渡れるという。湿原地帯を流れる川は褐色に濁り、どの程度の深さがあるのか皆目見当が付かなかった。川幅は三十メートルほど、水量はタイヤが隠れるほどだったが、途中で止まることもなく、対岸の急斜面を駆け上がった。

この別飛を戦前に撮影した貴重な八ミリフィルムをかつて見たことがあった。撮影者は北大名誉教授で地質学者の故佐々保雄博士。佐々博士は、北大探検部に所属していた私の大先輩に当たり、三十年以上も昔、佐々博士自身の解説付きで映像を見せていただいた。戦前、佐々博士は妻を伴い、根室から定期船に乗って千島列島の島伝いに幌筵島へと渡り、占守島も訪れ、別飛川のほとりにあった別所佐吉宅に身を寄せた。別所一家は、報效義会が分裂して事実上消滅した後も島に残っていた。

佐々博士は、別所家に寝泊まりしながら周辺を歩き、映像も残した。佐々博士が島を訪れたのは初夏だった。別飛川上流の別飛沼周辺にはキバナシャクナゲの大群落が広がり、残雪と湖沼群、花々の見事さは私の脳裏に深く刻まれた。

チベットなど世界各国で調査してきた佐々博士は「夏の北千島はこの世の天国。本当に美しい。もう一度訪れてみたい」と語った。佐々博士は「北千島はソ連（当時）に占領されて、いまはもう行けないけど、もしも日本領のままだったら国立公園は間違いない。それほど素晴らしい」と続けた。

世界各地を歩いてきた佐々博士が太鼓判を押す島ならば、きっと圧倒的な自然が残されているのだろう、いつか北千島を訪ねたい、この思いはずっと消えなかった。

私は、一家の暮らしぶりや自然を佐吉の息子の別所二郎藏著『わが北千島記』や、『別所二郎藏随想録　回想の北千島』を読み、学んだ。厳しい北辺の地にありながらも四季折々の自然の素晴らしい島で生きる喜びが行間にあふれていた。

別所一家は終戦とともに住み慣れた占守島を離れ、二郎藏は北方領土を望む北海道最東端の根室市で生活を始めた。現在も息子の夫二が北方領土・歯舞諸島の水晶島や貝殻島が見える納沙布岬近くに暮らす。

セルゲイに、この別飛沼の周囲で日本人の住居跡を見たことはないか聞いたが、そうしたものはないという。別所一族の暮らしの痕跡も長い歳月と風雪によってかき消されていた。ただ、湿原地帯をうねる別飛川の両岸にはコンクリート製のダムの堰堤《えんてい》があった。戦時中、海軍は別飛川をせき止めて、上流の沼の水位を上げて、水上機の基地にしようとした。この堰堤はその名残だった。

占守海峡を望んで

別飛沼からさらに北を目指した。

手元のGPSは車が海岸線に沿って北へ向かっていることを示している。道の左右には鏡のように周囲の緑を水面に映す大小さまざまな湖沼群が輝き、砂浜には真紅のハマナスの群落が広がり、近くの草地には艶やかな紫色のヒオウギアヤメや青い小さな花弁のチシマリンドウが咲く。すでにキバナシャクナゲは散っていたが、ヤナギランの群落が去りゆく夏を惜しむように丘陵をピンク色に染めていた。占守島は平坦な島内全域が高山植物帯と言っても過言でなかった。

海霧が流れて中央部の丘陵はかすんでいる。海岸線の崖の上にはコンクリート製の日本軍のトーチカが残っていた。

道は海岸線から途中で内陸へと入った。「この道は日本軍が造った道」とセルゲイは断言した。道は北東の国端崎へと伸びている。これが「占守街道」だった。昭和二十年八月十八日未明、池田が率いる戦車隊が国端崎へと急行した道である。

周囲の地形はゆるやかな丘が延々と続く。森はまったくない。せいぜい低木のミヤマハンノキやハイマツ程度だ。建物なども一切ない。道端にキャタピラなど車両の下部分だけの戦車とみられる残骸があった。これも日本軍の車両というが、詳しいことはわからなかった。

周辺は黒い実のガンコウランがたわわに実り、いくつかをつまんで口に入れた。完熟した果実の甘味と独特の苦みがあった。戦時中、道路建設や陣地構築など過酷な作業の中で、日本兵たちはガンコウランを口にして喉の渇きを癒したという。

海霧は時に辺り一面を白いベールで隠し、気まぐれな風に乗って消えた。激戦地四嶺山の南側を巻くようにその麓を通過した。霧の中で一瞬だけ、その山頂が見えた。四嶺山は男体山、女体山、双子山という四つの小高い丘の総称だが、見えたのは一番南にある男体山だった。この一帯が日ソ両軍の激戦の舞台となり、「この世の天国」を、砲煙が満ち、銃声が轟き、おびただしい血が流れる地獄へと変えた。

四嶺山の北東側の草地の中に一両の戦車が擱座していた。赤茶色に錆びているがほぼ原形をとどめている。細長い砲身が砲塔から伸びている。

砲塔部の特徴から旧日本陸軍の九七式中戦車改に間違いない。黒色のキャタピラは両側とも残っている。砲塔から突き出した四七ミリ砲の先端には詰め物がされていた。砲塔上部のハッチはすでになく、内部をのぞくことができた。砲塔の後部はひび割れていた。きっと当時の戦闘による衝撃だろう。

「あの日」からもう七十年という歳月が流れたはずなのに、車体はしっかりとしていた。高温多湿の南方よりも冬が長い占守島の方が腐食の速度はずっと遅いのかもしれない。ハッチ部分から内部を覗いてみると、エンジンなどはすでになかったが、車軸の一部や砲弾を込める砲尾はそのまま残っていた。

戦車の前部には車載機関銃用の穴と細長いスリット状の覗き窓の覘視孔《てんしこう》も確認できた。周辺には白いアマニュウの花が咲き乱れて、濃いオレンジ色のクルマユリや紫色のヒオウギア

四嶺山麓の草地の中の97式中戦車改

ヤメも顔をのぞかせている。霧が薄らいだ時、遠くに浜が見えた。竹田浜に間違いない。砲身は浜の方向に向いていた。

道は徐々に下り、水量の少ない豊城川を越えて、今度は上がり始めた。霧の向こうに灯台が見えてきた。これが国端崎灯台だった。周囲に点在する崩れ落ちそうな廃墟はソ連軍の元兵舎だという。

オホーツク海と太平洋を結ぶ戦略上の要衝だった占守海峡を望む、この国端崎（クルバトワ岬）には、冷戦時代に同海峡を監視するため、ソ連兵が駐屯し、海峡に目を光らせていた。しかし、冷戦の終結とともにソ連軍は島を去った。

灯台所長のエレーナ・バルバシェワが歓迎

してくれた。夫のウラジミールと別の男性職員、セントバーナード犬一頭と猫五頭と、もう七年、この岬で勤務している。日本人がこの岬まで来たのは七年ぶりで、前回は二〇〇五年に日本兵の遺骨収集のために来島した厚労省の調査団だったという。この調査団には武蔵や小田も参加していた。

昭和十三年に完成した国端崎灯台は八月十八日の戦闘で破壊され、十年後の一九五五年にソ連がすぐ横に再建し、灯台の入り口上には「1955」と刻まれていた。GPSの数値は北緯五〇度五一分四八秒、東経一五六度二八分五二秒だった。

灯台から北に広がる占守海峡には霧が立ち込め、ロパトカ岬や眼下に広がっているはずの海峡は見えなかった。霧の中にカモメの鳴き声だけが寂しく響いていた。

国端崎灯台の附属施設は当時そのままだった。厚労省の遺骨収集時、小田らもこの灯台施設に泊まり込みながら日本兵の遺骨を探した。敷地内の井戸も日本時代のものをそのまま使用していた。灯台周辺は高さ八十センチほどのコンクリート製の壁で囲われ、戦前そのままだった。ソ連軍を防ごうとした国端崎守備隊が盾にしたものだろう。残念ながら野呂弘らが立てこもった地下の洞窟陣地への入口はわからなかった。

国端崎から望む占守海峡の日ロ（ソ）の国境線は、一八七五年の樺太千島交換条約以降、終戦まで七十年にわたって存在した。これは、日露通好条約（一八五五年）から樺太千島交換条約（一八七五年）まで二十年間存続した択捉島と中部千島・得撫島間の国境線と、日露戦争後のポーツマス条約（一九〇五年）から終戦まで四十年間にわたった樺太（サハリン）中央部の北緯五十度線よりも長く、日本北方では最も長期になる。

二つの秘話

取材の過程で国端崎灯台や北千島をめぐる二つの秘話を知った。

昭和十八年八月十二日、アッツ島から空襲のために飛来した米爆撃機を迎撃した陸軍飛行第五四戦隊の戦闘機隼のパイロット岩瀬勲中尉（当時二十四歳）は、一機を撃墜したが、自らも被弾して国端崎灯台近くに不時着した。当時の灯台長だった故山田定吉が駆けつけた際、岩瀬中尉は機内で絶命していた。

山田所長は岩瀬中尉の遺体を現地に葬るとともに、血に染まった白い不燃布製の防火シートと現場に散乱していた計器の一部を遺族に渡すために回収し、終戦後も旧ソ連軍に見つからないように隠し持って帰国した。山田所長の死後、その遺志を継いだ後輩が一九五六年に神奈川県にいた遺族を見つけ出して、遺品を手渡した。

その後、遺品は第五四戦隊の基地であった札幌市東区の丘珠飛行場に隣接する、陸上自衛隊丘珠駐屯地内の史料館「北翔館」に寄贈され、二人の灯台守の真心を紹介した当時の北海道新聞の記事と合わせて展示されている。

もう一つは、戦時中に占守・幌筵両島を慰問に訪れた女学生八重樫八重子の話だった。私が書いた北千島の記事を北海道新聞で読んで本人が連絡をくれたのだった。

北千島で陣地造りや飛行場建設など防衛体制の構築が急ピッチで始まった昭和十八年夏、北千島の将兵を励ますために北海道から慰問団が現地へ派遣されることになった。踊りを披露する芸者や民謡歌手、アコーディオンや三味線の伴奏者に交じり、当時十八歳の八重樫も加わった。慰問団を募集するとの北海道新聞の記事を読んで志願したのだ。慰問団は総勢二十二人。最年少だった八重樫は、最前線の兵隊さんを励ましてあげたいとの一心で、船中でその頃の流行歌「勘太郎月夜唄」を練習した。

慰問団一行は、柏原を拠点に占守・幌筵島を焼玉エンジンの漁船で回り、各地に上陸しながら将兵を慰問した。巨大な軍用機の格納庫に設けられた特設のステージに立ち、八重樫が何百人もの将兵を前に歌を披露すると、「うちの娘もあなたと同じ年頃だよ」と声を掛けてくれる者もいた。涙をにじませ聞き入る兵もいた。八重樫は団員らから「勘太郎さん」と呼ばれるようになった。

八重樫がステージに立った格納庫とは、占守島の片岡飛行場の施設の可能性がある。八重樫ら一行は、国端崎灯台の沖も通過した。八重樫の記憶では対岸のロパトカ岬でソ連兵が銃を構えているのを見たという。

八重樫らは柏原で米軍機の空襲に遭遇した。その機銃掃射から逃れるため、八重樫は深さ一メートルほどのタコツボに身を伏せ、付き添っていた兵隊がその上に覆いかぶさった。米軍機は飛び去ったが、その兵隊は動かなかった。八重樫は気を失っていた。まもなく別の兵隊がやってきて、八重樫を助け出し、「もう大丈夫だよ」と声をかけた。付き添っていた兵士の姿がないのに気づいた八重樫が「あの人は」と問いかけると、その兵隊は「さあ、どこへ行ったのだろう。当番を代わっただけだよ」とごまかした。

八重樫は当日の空襲で多数の戦死者が出たことを知り、火葬される様子も目撃した。あの炎の中に自分のために犠牲になった、あの兵隊がいるのではないかと思った。この出来事は八重樫にとって生涯忘れえぬ辛い思い出となり、以来、八重樫は仏壇に手を合わせるとき、あの兵隊のために線香を一本余計にあげ、その冥福を祈ることにしている。

北千島慰霊の会がまとめた『碧血留魂の地北千島』によれば、八重樫の記憶通り、昭和十八年九月十二日、米機十一機二波が来襲し、柏原など港湾の船舶、地上施設、物資に被害があり、五十七人が死傷したとの記録が残っていた。

両軍戦没者のために

国端崎灯台からは南側に広がる竹田浜が一望できた。その奥の小さい岬が竹田岬。その向こうの大きな岬が小泊岬だ。

国端崎から竹田浜へ下りた。広々とした無人の浜には占守海峡からの波が静かに打ち寄せていた。この浜には八月十八日、日本軍守備隊の砲撃を受けて、数多くのソ連兵の遺体が横たわっていたはずだ。

戦後七十年、浜には当時の残骸などは見当たらなかった。

浜から灯台を見上げると、その斜面にロシア正教会の黄色の十字架が立てられているのに気づいた。ソ連軍の戦没者を慰霊するためのものに違いない。

終戦間際にソ連軍が侵攻した満洲や朝鮮半島、南樺太を合わせても、この浜ほどの戦死者は出ていない。国端崎陣地の砲兵だった野呂は戦闘後、ここでおびただしいソ連兵の死体を見た。そして、この浜から野呂らはカムチャツカ半島に連行されたのだ。

私はこの旅に線香を持参していた。この島での戦死者は日本側の記録では、日本兵約三百七十人、ソ連兵三千人ともされる。日本が降伏を表明してから後に、なぜこれほどの犠牲者を出さねばならなかったのか。いまも疑問は消えない。

線香を手で覆い、風を防ぐようにして火を付け、両軍戦没者のために静かに手を合わせた。線香の煙は海風でかき消された。

発見された日本軍陣地

北千島へ渡る直前、カムチャツカの旧知のマスコミ関係者からある情報を得た。それは二〇一三年六月、ロシアの民間調査団「カムチャツカ・クリール（千島）諸島調査団」が占守島の北端近くで未発見の日本軍陣地を発掘し、内部で日本兵の遺骨を見つけたというものだった。

幌筵島へのフェリーが出航する前、調査団長のエフゲニー・ベルシャガから話を聞くことができた。ベルシャガは、ロシア外務省カムチャツカ地方代表（当時）で、毎年夏に現地の大学教授や歴史学者とともにボランティア活動として中部千島や北千島の調査を行い、同年は占守島を一カ月間かけて調べていた。

彼らが発見した日本軍の陣地は、北端のクルバトワ岬（国端崎）から二キロほど南に位置した小さな岬にあった。調査団は陣地の入り口とみられる割れ目を見つけ、押しつぶれた入口を広げて中に入った。内部はコンクリートで壁や天井を固めた通路が約二十メートル続き、その奥の泥の上に人間の頭がい骨があった。周辺には歯や背骨などの骨も散乱していた。陣地内には小型の大砲も残っていた。天井などは非常にもろく崩れやすいため、写真撮影だけをして入口を封鎖して埋め戻した。

ベルシャガのほか、調査団に参加したカムチャツカ国立大学の考古学者アンドレイ・プタシンスキー教授も同席していたため、遺骨を見つけた場所が占守島で暮らしていた先住民族の千島アイヌの住居跡ではないかと念を押したが、「間違いなく日本軍の陣地で、アイヌの住居とはまったく違う」と断言した。

調査団は国端崎でも地下の洞窟陣地を発見して、内部からバッテリーや薬品のビンなどを回収していた。この洞窟陣地は、野呂らが立てこもった国端崎陣地とみられた。

ベルシャガらは占守島の地図を机に広げて遺骨発見地点の地図を私に示した。その場所は、国端崎から南へと続く竹田浜から海へと突き出した岬で竹田岬に間違いなかった。

日本を出発する直前、占守島など北千島の戦友や遺族でつくる「北千島慰霊の会」事務局長である武蔵から話を聞いていた。武蔵はこれまで二度にわたり、厚労省の遺骨収集団に加わり、同島の激戦地に眠る日本兵の骨を回収し、現地で慰霊を行ってきた。武蔵の願いは再び島を訪れて、島にいまも眠る戦友の骨を探すことだった。

武蔵は次に占守島で遺骨収集をすることができるならば、この竹田岬陣地を発掘したいと語っていた。同岬陣地には終戦時、速射砲一門と関根文男伍長ら八人が配置されていたが、上陸してきたソ連軍の砲火を浴びて陣地は爆発し、全員が戦死した。戦闘終結後、現地を訪ねた戦友らが陣地内に横たわる八人の遺体を見つけたが、ソ連軍に監視されていたため埋葬することはできず、無念の思いで引き返した場所だった。

武蔵は八人の名簿も持っており、「竹田岬には関根伍長らの遺骨がいまもあるはず」と話していたのだ。

さっそく現地から武蔵に電話で知らせると、武蔵は「場所から言っても竹田岬陣地に間違いない。ここには日本兵の遺骨があると以前からわかっていたので、常々回収したいと考えていた。しかし、現地までは行くのにも道は悪いし現地には道具もない。今回、ロシア側が見つけてくれたのはとてもありがたい」と語った。

私はベルシャガから遺骨の写真を提供してもらい、記事をまとめてセベロクリリスクから札幌の本社へ出稿した。記事は同年の終戦記念日である八月十五日の北海道新聞朝刊に「占守島　最北の陣地から日本兵の遺骨発見」との見出しとともに一面トップで大きく報じられた。

帰国後、北海道庁や戦友会などがまとめた戦死者名簿などを調べたところ、関根伍長ら八人の死亡時刻はいずれも八月十八日午前三時、もしくは三時十分となっていた。これはソ連軍が上陸して二、三時間後に当たる。

日ロ共同での遺骨収集と慰霊祭を

ベルシャガは、私に対して、占守島の戦闘に加わった元日本兵を招いて日ロ共同での遺骨収集と慰霊祭を行いたいと希望も語った。私は一つのアイデアとして、当時ロシア外務省のカムチャツカ州地区代表でもあったベルシャガが、ロシア外務省を通じて、日ロ両国による島での遺骨収集と慰霊祭を行うように日本政府に働きかけることを助言した。占守島は日ソ最後の激戦地であり、三千人以上の死者がいまも眠る。その島で両国が悲劇的な戦争をもう二度と繰り返さないという不戦の誓いをする意義は少なくないだろう。

占守島における日本兵の遺骨収集は、これまで一九九〇年に七柱、武蔵らが見つけた一九九五年の一柱、二〇〇五年の二柱の計十柱だった。二〇一四年になってロシア側で新たな動きがあった。ロシア外務省から日本政府に対して占守島における共同での遺骨収集と慰霊祭の提案があったのだ。ベルシャガの働きかけによるものだった。

しかし、両国合同での遺骨収集や慰霊祭などについては、遺族の一部に違和感もあることなどから実現していない。その後、占守島を管轄するサハリン州政府は二〇一四年から一六年にかけて、独自に竹田岬と四嶺山で日ソ両軍兵士の遺骨収集を実施。この調査で竹田岬陣地を含めて日本兵の遺骨計三十四柱を収集し、日本兵の軍刀や水筒、印鑑のほか認識票を見つけた。

調査団はユジノサハリンスクで記者会見し、日本兵とみられる遺骨の中に骨格などから女性とみられる一柱があったことを明らかにした。発見時、ヘルメットをかぶっていたという。

しかし、当時、九一師団に女性の兵士がいた事実はなく、厚労省担当者は従軍看護婦かもしれないと語る。当時、軍医らは最前線近くまで派遣されていたが、その中に従軍看護婦がいたかは確認できなかった。

ベルシャガは私に「占守島で戦った元ソ連兵の中で、日本軍の女性兵士を見たという『戦場の伝説』が語り継がれている」と語った。小田らまだ十代の少年兵もかなり占守島に送り込まれており、小柄な日本兵を女性と勘違いした可能性があるかもしれない。サハリン州は二〇一五年秋、ユジノサハリンスクで日本遺族会に対して、サハリン中部の激戦地のスミルヌイフ（気屯）周辺で発見された四柱と合わせてすべての遺骨を手渡した。

一方、厚労省の調査で遺骨とともに見つかった印鑑と認識票から、そのうちの一人は小樽市出身の井戸井《いどい》重市さん（当時二十三歳）とわかった。見つかった計三十四柱の中で身元がわかったのは初めてのケースだった。遺族会などが作った北千島戦没者名簿によると、井戸井さんは四嶺山や国端崎に配置されていた二八二大隊の伍長で、八月十八日の戦闘で四嶺山において戦死していた。

厚労省による占守島での遺骨収集は、南方に比べると遅れている。島内には一般住民がいないため、遺骨に関する情報が乏しく、宿泊施設もないなど、収集活動が容易ではないためと厚労省担当者は説明する。毎年の予算も限られて、確実に遺骨収集ができる地域が優先され、遠隔地の占守島は後回しになっているのだ。

風化しているのは人々の記憶だけ

国端崎から壮絶な戦闘が行われた四嶺山に向かうため、来た道を再び戻った。霧は薄れて、小高い山頂が見えた。

車を停めて山頂を目指した。中腹には二両の日本軍戦車があった。ともに車体は真っ赤に錆びているが、砲塔部や砲身は残り、完全に原形をとどめている。ともに砲身が短い五七ミリ砲を搭載した九七式中戦車だった。砲塔部の天蓋は開き、エンジン部上の二つのハッチも開け放たれている。ジェーニャが周辺で二発の小銃弾と砲弾先端の信管らしいものを見つけた。銃弾は青く錆び、当時のものに違いないだろう。周囲の斜面は高山植物のお花畑だった。ピンク色の穂先のイブキトラノオ、紫色のハクサンチドリ、薄紫色のチシマフウロなど数々の花が揺れて、まるで墓標を飾る献花のようだった。

四嶺山の山頂近くには日本軍の戦闘指揮所の監視所だろう、丸太で補強された横二メートル、高さ三十センチほどの監視窓が口を開けていた。もともとは奥に伸びる通路があったはずだが、入口から数メートルで埋められていた。この奥に少なくても三十人の日本兵が埋葬されているという。

四嶺山は、男体山と女体山、二つの丘の双子山からなるが、私が登ったのは男体山頂だった。GPSが示す高度は百七十二メートル。周囲は霧がかかって女体山と双子山は見えない。風によって一瞬だけ視界が効き、延々となだらかな草の丘陵がうねっているのを確認できた。

この自然豊かな占守島が地獄の様相となった八月十八日、すぐ下の斜面では、日本軍の村上大隊や救援に駆け付けた戦車第十一連隊とソ連軍との間で激戦が繰り広げられた。その三日前には日本の無条件降伏によって、すでに戦争は終わっていたはずで、日ソ両軍の将兵は故郷に帰る日を夢見ていたはずだった。

頂上直下にはソ連軍の慰霊碑があった。碑文には将兵の名前とともに「シュムシュ島解放のために戦死したソ連軍兵士を永遠に記憶する」と記されていた。一九九五年に小田や武蔵ら日本の遺骨収集団が建立したはずの慰霊塔はやはり見当たらなかった。

日本側の記録によると、この四嶺山周辺には十八日から二十二日までの戦闘によって十八両の日本軍戦車が擱座したはずだが、現地にあったのはわずか三両だった。地元の北クリール行政府によると、残る十五両の戦車はモスクワの戦勝記念広場やサハリン州郷土博物館などの展示品として島外へ運び出していた。これらの戦車はロシア政府の所有物で、千島の戦闘の勝利のモミュメントとして各地で展示されていた。

四嶺山の山麓には、コンクリートの土台に据え付けられた巨大な日本軍の要塞砲一門が残されていた。旧陸軍九六式一五サンチカノン砲だった。こちらも完全に原形をとどめていた。戦闘時、小田がその轟音に驚き、海峡対岸のロパトカ岬のソ連軍砲台を沈黙させた大砲だ。現在も四嶺山の現地に残るこの砲の砲身後部には、「九六式十五糎加農砲　大阪陸軍造兵廠」との刻印がはっきりと残っていた。

同じタイプの砲は、幌筵島の北の台飛行場跡近くの山中にもあった。記録によると、この一五サンチカノン砲は占守、幌筵両島に計四門が配備されていたという。

昭和十八年から同二十年にかけて旧陸軍の隼の部隊、飛行第五四戦隊が駐屯していた幌筵島の北の台飛行場跡にはコンクリート製の掩体壕三基が残っていた。最大のものは冷戦時代、ソ連空軍の防空指揮所として使われていたという。

現在は廃墟となり、ヘッドライトをつけて窓もない真っ暗闇の中に入ると、内部はいくつかの部屋に仕切られて、机や柱の残骸が散らばり、言いようのない気味の悪さを覚えた。床は抜けてウオツカの瓶などガラス瓶が転がり、壁には落書きがあった。屋根がカメの甲羅のようなカーブを描く別の掩体壕に入ってみると、天井のコンクリートはぼろぼろに崩れ、内部の鉄骨が覗き見え、溶け出たカルシウム分がまるで鍾乳石のように垂れ下がっていた。

当時、同飛行場の滑走路は鉄道線路の枕木を敷き詰めていたが、終戦後、ソ連はこの枕木を掘り起こして建物の部材に転用し、現在はヤナギランやキンポウゲ、ヒオウギアヤメなど高山植物が咲く草原となっていた。地元住民はこの台地を「飛行場の平地」と呼んでいた。

占守、幌筵両島を訪れて、一番驚いたことは戦車や大砲など七十年前の戦争の遺物がそのままの形で数多く残り、特に一般住民がいない占守島はまるで「あの日」から時が止まったかのようであったことだ。

風化しているのは人々の記憶だけだ。

これまでに占守島から見つかった日本兵の遺骨はわずか四十柱余。この北辺の島にはまだ日本兵約三百人、ソ連兵約三千人が眠っている。

おわりに

戦後七十一年という歳月が流れて、占守島《しゅむしゅ》で戦った日ソ両軍の元兵士たちは高齢化し、二〇一五年には北千島慰霊の会の事務局長だった武蔵哲《たどる》が他界。二〇一六年の札幌・護国神社における四十八回目の慰霊祭に参加した元将兵は、同会副会長の小田英孝一人となった。

元参謀で同会長だった長島厚、豆タンの日野宇三郎も二〇一五年に亡くなった。占守島に配属された豆タン五期十一人のうち、国内に生きているのは小田英孝と綱嶋正己の二人だけとなった。国端崎陣地を死守した野呂弘も島を再訪したいという願いはかなわず、二〇一六年にこの世を去った。

占守島の戦闘は、当時、日本領だった千島列島に侵攻してきたソ連軍に痛打を浴びせた日本軍最後の戦いとして語られることが多かった。また、ロシアでは千島列島を日本の軍国主義から解放した戦いの象徴としてとらえられていた。

私は、実際に戦闘に加わった最前線の日ソ両軍の兵士たちはどのような現実を見てきたのか、三年近くをかけて訪ね歩き、インタビューを重ねてきた。幸運にも小田のようにいまも記憶が鮮明な方に出会うことができた。

驚いたのは、それぞれが占守島で自ら体験し、見てきたことを克明に覚えていて、いまもその戦場で負った心の傷が癒えていないことだった。日ソ両軍のどの兵士も敵兵を殺したという凄惨な体験は、いずれも何度目かのインタビューの最後に語ってくれた。

秋田県に暮らしていた野呂は「父さん、いつも話していたあの話をしてあげたら」と、娘からそっと促されて、ぽつりぽつりと国端崎の陣地でソ連兵の命を奪ったことを話してくれた。きっと苦い思いをかみしめての吐露だったことだろう。

「占守を訪ねたい」と何度も繰り返す野呂に対し、私は「失礼ですが、野呂さんは人生の終盤を迎えた中で、あの国端崎にもう一度立って、死んでいった戦友と、野呂さんが命を奪わざるを得なかったあのソ連兵を慰霊して、自らの気持ちの整理をしたいのではないですか」と尋ねた。野呂は目を伏せて小さな声で「そうでやんす」と答えた。その言葉を聞いたとき、野呂は七十年もの間、ずっと重い十字架を背負い続けてきたのだと痛感した。小田も、

綱嶋正己氏

小田英孝氏

野呂弘氏

武蔵哲氏

あの四嶺山の麓でソ連兵を切ったときの手の感触がいまも忘れられないとつぶやいた。「占守の夢を見なくなったのはそんなに昔のことではないのですよ」。

幌筵《ぱらむしる》島で会った元ソ連兵のコルブトも、インタビューの最後で涙をにじませながら、「私はあの日、三人の日本兵を殺しました。許してほしい。でもこれが戦争なのです。あの日、死んでいった親友たちのことを忘れた日もありません」と絞り出すような声で語った。

当事者以外は「遠い昔の出来事」として片付けてしまうが、まさに戦場で敵兵を殺し、戦友を殺された最前線の兵士たちにとっては深く脳裏に刻みつけられた記憶であり、戦後七十年余という薄皮をはげば、まだその下からは血がにじむ、決して癒えない傷であると知った。

私は、これが最前線の戦場の真実だと気づいた。

戦場とはそれほどまでに過酷で、テレビドラマや映画の一場面のようなものでは決してなく、人が血を流し、見知らぬ人と殺し合い、一生背負わされる傷を負う場所だった。

インタビューに応じてくれた元兵士の中には、闘病中で短時間しか取材ができなかった人もいた。取材後ほどなく亡くなった方もいた。しかし、それぞれが自分が見た占守島の戦闘の真実を後世に残そうと、語りたくないような自らの体験をまるで後世への遺言のように語

日野宇三郎氏

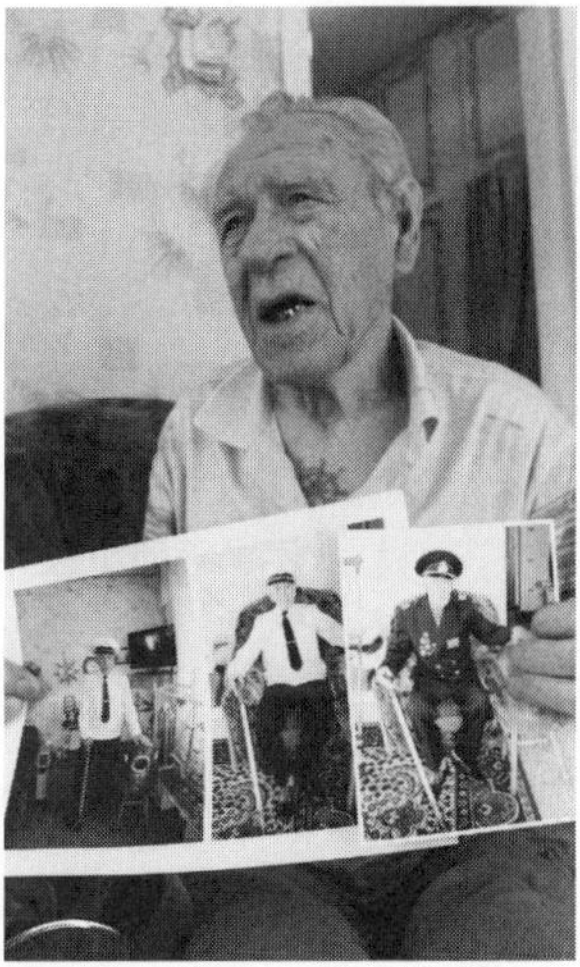

ユーリー・コルブト氏

黒羽実氏

ってくれた。
貴重な時間を割いて取材に応じてくださった数多くの元日ソ両軍の兵士の方々、ともに占守島へと渡ってくれた親友であるサハリン在住のエフゲニー・シャバショフ、取材に協力をしてくれた西田浩雅、渡辺玲男両モスクワ駐在員、相内亮、栗田直樹両ユジノサハリンスク駐在員ら数多くの北海道新聞の同僚たちと、ロシアでの長期出張を心配しつつも支援してくれた私の家族にも深く感謝したい。参謀の長島と元小隊長の武蔵に関する記述は、同僚であり長年の友人である北海道新聞の本田良一編集委員の取材メモを参考にさせていただいたこともここで明記したい。一部写真は北海道新聞社から提供していただいた。また、今回、出版に際して数々のアドバイスをいただいたPHP研究所学芸出版部新書課の川上達史編集長のご支援と励ましにも心からお礼を言いたい。

相原秀起

参考文献、放送番組

戦車第十一連隊史編集委員会編集『戦車第十一連隊史』戦車第十一連隊史編集委員会、一九七六年
戦車第十一連隊士魂会編集『眼で見る連隊史　戦車第十一連隊写真集』戦車第十一連隊士魂会、一九七八年
北千島慰霊の会編『会誌　戦斗小史（一、二、補遺集録）』北千島慰霊の会、一九七四〜九六年
北千島慰霊の会アルバム刊行委員会編『碧血留魂の地北千島』北千島慰霊の会、一九九一年
小田英孝『シベリア抑留記』（私本）、二〇一六年
野呂弘『北緯55°カムチャツカ横断の旅――抑留3年2ケ月の記録』（私本）、二〇一〇年
野呂弘『北千島占守島国端崎の戦闘』（私本）
野呂弘『「北の防人」第九一師団戦闘状況』（私本）
防衛庁防衛研修所戦史室『戦史叢書　北東方面陸軍作戦〈二〉――千島・樺太・北海道の防衛』朝雲新聞社、一九七一年
ボリス・スラヴィンスキー『日ソ戦争への道――ノモンハンから千島占領まで』加藤幸廣訳、共同通信社、一九九九年
ボリス・スラヴィンスキー『千島占領――一九四五年夏』加藤幸廣訳、共同通信社、一九九三年

玉井俊輔「松輪島の記録　ある赤軍将校の友情」（私本、防衛省防衛研究所蔵）
秋月俊幸『千島列島をめぐる日本とロシア』北海道大学出版会、二〇一四年
中山隆志『一九四五年夏　最後の日ソ戦』中公文庫、二〇〇一年
大野芳『8月17日、ソ連軍上陸す――最果ての要衝・占守島攻防記』新潮文庫、二〇一〇年
上原卓『北海道を守った占守島の戦い』祥伝社新書、二〇一三年
木俣滋郎『戦車戦入門〈日本篇、世界篇〉』光人社NF文庫、二〇〇六年
土門周平『日本戦車開発物語――陸軍兵器テクノロジーの戦い』光人社NF文庫、二〇〇三年
下田四郎『サイパン戦車戦――戦車第九連隊の玉砕』光人社NF文庫、二〇一四年
早坂隆『指揮官の決断――満州とアッツの将軍　樋口季一郎』文春新書、二〇一〇年
佐山二郎『日本陸軍の火砲「野砲　山砲」――日本の陸戦兵器徹底研究』光人社NF文庫、二〇一二年
佐山二郎『日本陸軍の火砲「歩兵砲　対戦車砲　他」――日本の陸戦兵器徹底研究』光人社NF文庫、二〇一一年
佐山二郎『日本陸軍の火砲「要塞砲」――日本の陸戦兵器徹底研究』光人社NF文庫、二〇一一年
長勢了治『シベリア抑留――日本人はどんな目に遭ったのか』新潮選書、二〇一五年
別所二郎藏『わが北千島記――占守島に生きた一庶民の記録』講談社、一九七七年
別所夫二編『別所二郎藏随想録　回想の北千島』北海道出版企画センター、一九九九年
根室・千島歴史人名事典編集委員会編『根室・千島歴史人名事典』根室・千島歴史人名事典刊行会、二〇〇二年

二〇〇二年
『若獅子　48号』元陸軍少年戦車兵学校同窓会若獅子会、二〇〇九年
『歴史街道』二〇一五年十二月号「総力特集　１９４５　占守島の真実」ＰＨＰ研究所
井澗裕「占守島・１９４５年８月」『境界研究』No.２、二〇一一年
樋口季一郎『故樋口季一郎　遺稿集』（私家版、つきさっぷ郷土資料館蔵）
藤森篤著・撮影『いまも飛ぶ第２次大戦――世界の主力戦闘機図鑑』枻出版社、二〇一〇年
北海道新聞社編『千島縦断』北海道新聞社、一九九四年
ＮＨＫ　ＢＳプレミアム「戦争証言スペシャル・運命の22日間　千島・サハリン（樺太）はこうして占領された」二〇一一年十二月八日放送
『シリーズ極東ＤＶＤ　北緯50度線を行く　サハリン・北千島のいま』北海道新聞社・風交舎、二〇一六年

写真：『眼で見る連隊史　戦車第十一連隊写真集』
（戦車第十一連隊士魂会）より
P36、P39、P51、P93、P95、P115、P122
小田英孝氏提供
P27、P29
（その他は著者撮影、著者提供）

PHP新書
PHP INTERFACE
https://www.php.co.jp/

相原秀起［あいはら・ひでき］

1962年、横浜市に生まれる。北海道大学農学部卒。在学中は探検部に所属。1985年、北海道新聞社入社。1995年からサハリン・ユジノサハリンスク支局駐在。2013年から同紙連載「極東」を担当。現在、同社函館支社報道部長。著作に『ロシア極東　秘境を歩く――北千島・サハリン・オホーツク』(北海道大学出版会)、『新サハリン探検記――間宮林蔵の道を行く』(社会評論社)、極東ＤＶＤシリーズ『北緯50度線を行く　サハリン・北千島のいま』(３部作、風交舎・北海道新聞社)などがある。

PHP新書　1104

一九四五　占守島《しゅむしゅ》の真実
少年戦車兵が見た最後の戦場

二〇一七年七月二十八日　第一版第一刷
二〇二二年七月二十五日　第一版第二刷

著者――相原秀起
発行者――永田貴之
発行所――株式会社ＰＨＰ研究所
東京本部――〒135-8137 江東区豊洲5-6-52
第一制作部 ☎03-3520-9615(編集)
普及部 ☎03-3520-9630(販売)
京都本部――〒601-8411 京都市南区西九条北ノ内町11
組版――有限会社メディアネット
装幀者――芦澤泰偉＋児崎雅淑
印刷所
製本所――図書印刷株式会社

ISBN978-4-569-83634-8

ＰＨＰ新書刊行にあたって

「繁栄を通じて平和と幸福を」（PEACE and HAPPINESS through PROSPERITY）の願いのもと、ＰＨＰ研究所が創設されて今年で五十周年を迎えます。その歩みは、日本人が先の戦争を乗り越え、並々ならぬ努力を続けて、今日の繁栄を築き上げてきた軌跡に重なります。

しかし、平和で豊かな生活を手にした現在、多くの日本人は、自分が何のために生きているのか、どのように生きていきたいのかを、見失いつつあるように思われます。そして、その間にも、日本国内や世界のみならず地球規模での大きな変化が日々生起し、解決すべき問題となって私たちのもとに押し寄せてきます。

このような時代に人生の確かな価値を見出し、生きる喜びに満ちあふれた社会を実現するために、いま何が求められているのでしょうか。それは、先達が培ってきた知恵を紡ぎ直すこと、その上で自分たち一人一人がおかれた現実と進むべき未来について丹念に考えていくこと以外にはありません。

その営みは、単なる知識に終わらない深い思索へ、そしてよく生きるための哲学への旅でもあります。弊所が創設五十周年を迎えましたのを機に、ＰＨＰ新書を創刊し、この新たな旅を読者と共に歩んでいきたいと思っています。多くの読者の共感と支援を心よりお願いいたします。

一九九六年十月

ＰＨＰ研究所